스무 살 클레오파트라처럼

스무 살 클레오파트라처럼

강하고 아름답고 현명해질 시간

초판 1쇄 발행 2017년 1월 19일
초판 4쇄 발행 2020년 10월 8일

지은이 | 이지성

발행인 | 박재호
편집팀 | 고아라, 홍다휘, 강혜진
마케팅팀 | 김용범, 권유정
총무팀 | 김명숙

디자인 | 이석운, 김미연
교정교열 | 조세진
종이 | 세종페이퍼
인쇄·제본 | 한영문화사

발행처 | 생각정원
출판신고 | 제25100-2016-000043호
주소 | 서울시 마포구 양화로 156(동교동) LG팰리스 814호
전화 | 02-334-7932 **팩스** | 02-334-7933
전자우편 | 3347932@gmail.com

ⓒ 이지성 2017

ISBN 979-11-85035-75-8 03320

이 도서의 국립중앙도서관 출판시도서목록(CIP)은 서지정보유통지원시스템 홈페이지
(http://seoji.nl.go.kr)와 국가자료공동목록시스템(http://www.nl.go.kr/kolisnet)에
서 이용하실 수 있습니다. (CIP제어번호: 2017000607)

스무 살 클레오파트라처럼

강 하 고 아 름 답 고 현 명 해 질 시 간

이지성 지음

차이
정원

키가 작고 통통하고

못생긴 여자 아이가 있었다.

아버지는 빚이 많았고, 무능력했다.

설상가상으로 바람둥이기까지 했다.

그런 아버지 때문에 마음고생을 너무 많이 했기 때문일까.

엄마는 일찍 세상을 떠났다.

십 대 시절, 그녀는 키가 크고 날씬하고 예쁘고

뛰어난 자매들 속에서 묻혀 살았다.

세상 그 누구도 그녀를 주목하지 않았다.

그녀의 전설은 이십 대부터 시작되었다.

그녀는 세상 모든 남자들의 마음을 사로잡았고,

세계 최고의 능력과 부를 손에 거머쥐었다.

그리고 마침내 불멸의 존재가 되었다.

그녀의 이야기 속으로 들어가보자.

차 례

PART 1

자존감이 특별한 내면을 만든다

"나를 믿어라"

스무 살 클레오파트라는 여왕*이었다. 하지만 그녀에게는 궁전도, 도시도, 나라도 없었다. 신하는 물론이고 백성도 없었다. 그녀는 피로하고 지친 얼굴로 전갈과 가시덤불로 가득한 중동의 사막 지역을 떠돌고 있었다.

약 3년 전 그러니까 기원전 51년, 그녀는 이집트 여왕에 즉위했다. 그런데 그것은 반쪽짜리 즉위였다. 아버지의 유언에 따라 그녀의 남동생도 이집트 왕에 즉위했기 때문이

---

* 《플루타르코스 영웅전》으로 유명한 그리스인 작가 플루타르코스가 남긴 기록에 의하면 클레오파트라는 기원전 69년 또는 68년에 태어났다. 만일 클레오파트라가 기원전 69년에 태어났다면 그녀가 알렉산드리아에서 도망쳐 사막을 떠돌았던 기원전 48년에 그녀는 스물한 살이고, 만일 기원전 68년에 태어났다면 스무 살이다. 여기서는 후자를 택하기로 한다.

다. 남매는 이집트의 공동 통치자였다.

이집트 국민들은 그녀를 사랑했지만 이집트 궁정의 실력자들은 그녀를 증오했다. 그녀가 왕의 보조자 역할에 그치지 않고 왕을 지배하려고 했기 때문이다. 이는 이집트 궁정 실력자들에게는 선전포고나 마찬가지였다. 그들은 왕을 조종해서 자신들의 부와 권력을 늘려나갔기 때문이다.

만일 왕이 여왕의 통제를 받게 된다면 그들 모두는 기득권을 잃게 될 터였다. 아니, 그들 대부분은 여왕과 적대관계였기에 잘못하면 처형당할 수도 있었다. 그래서 그들은 음모를 꾸몄다.

삽시간에 이집트 전역으로 소문이 퍼졌다. 여왕이 로마인들에게 나라를 팔아먹으려고 한다는. 여왕은 하루아침에 반역자가 되었다. 심상치 않은 분위기를 느낀 그녀는 몰래 왕궁을 빠져나가야만 했다.

비록 비참한 몰골로 사막을 헤매고 있었지만 그녀의 정신까지 사막을 헤매고 있었던 것은 아니었다. 그녀는 사막 위로 내리꽂히는 직사광선보다 더 뜨겁게 불타올랐다. 그녀는 오직 하나만 생각했다.

'내가 이집트를 되찾을 수 있는 강한 군대를 가지려면 어떻게 해야 하는가.'

상식적인 이야기지만 군대를 양성하려면 막대한 자본이 필요하다. 자신을 따라서 도망쳐 나온 몇 안 되는 측근을 부양할 돈도 부족했던 클레오파트라는 역사적으로도 그 유례를 찾아보기 힘든 결단을 내린다. 자신의 얼굴 초상이 새겨진 화폐를 발행, 용병을 사서 군대를 조직하기로 한 것이다.

이런 광경을 한번 상상해보라. 한국의 평범한 스무 살 젊은 여성이 대기업의 횡포에 분노, 진정으로 서민을 위하는 기업을 세우고자 미국으로 건너가 세계적인 은행에 수조 원대의 대출을 신청하면서 "도대체 당신의 뭘 믿고 우리가 이토록 큰돈을 빌려줘야 하는 것입니까?"라고 묻는 은행 임원진에게 확신에 찬 얼굴로 "나를 믿어라!"라고 말하는 장면 말이다. 당시의 클레오파트라가 이러했다.

클레오파트라의 도전은 성공했다. 그녀가 발행한 화폐는 정상적으로 유통이 되었고 그녀는 군대를 거느리게 되었다. 얼마 후 그녀는 군대를 이끌고 남동생들과 그 측근들이 장악한 이집트의 수도 알렉산드리아를 향해 진군했다.

아니, 그녀는 역사 속으로 진군했다. 이때의 결단으로 인해 그녀는 이집트에서 추방당한 떠돌이 여왕에서 우리가 알고 있는 바로 그 클레오파트라가 되었다.

스무 살 클레오파트라의 내면을 가득 채웠던 것은 태양처럼 빛나는 자신감이었다. 비록 세상은 그녀를 실패자로 낙인찍었지만 그녀는 언제나 스스로를 빛나는 태양으로 인식했다. 물론 그녀가 권력 다툼에 패배해서 도망자 신세가 된 것은 사실이다. 하지만 그것은 단지 태양이 잠깐 구름에 가린 사소한 사건에 불과했다.

이 세상에 태양을 똑바로 쳐다볼 수 있는 존재는 아무도 없다. 한번 생각해보라. 만일 누군가가 태양 앞에 직접 서게 된다면 어떻게 될까? 아마도 먼저 눈이 멀고, 이어 온몸이 녹아 없어질 것이다. 나는 말하고 싶다. 사막을 떠돌던 스무 살 클레오파트라를 만났던 사람들이 바로 이와 같았다고. 그들은 인간의 수준을 넘어선 클레오파트라의 자신감에 눈이 멀고, 몸은 물론이고 정신까지 녹아버리고 말았다고. 그랬기에 그들은 클레오파트라에게 복종했고, 그녀를 위해 하나뿐인 목숨까지 바치고자 전쟁터로 향했다.

여자에게 필요한 것은 자신감이다. 세상 사람들의 눈을 멀게 할 정도의 자신감이다.

오프라 윈프리를 보라. 한때 그녀는 세상에서 가장 불행하고 우울하고 슬픈 여자 중 하나였다. 그도 그럴 것이 그녀는 아홉 살 때부터 쓰레기 같은 남자들에게 지속적인 성폭행을 당했고, 열네 살에 아버지가 누군지도 모르는 아이를 출산했고, 그 아이가 불과 몇 달 만에 사망하는 거짓말 같은 고통을 겪어야 했기 때문이다. 이후 그녀의 삶을 가득 채운 것은 우울증, 폭식증, 비만, 자살 충동, 마약 등이었다.

하지만 그녀는 어느 순간부터 스스로를 태양으로 인식하기 시작했고, 그때부터 우리가 아는 오프라 윈프리가 되기 시작했다.

너무 많은 여자들이 자기 내면에서 빛나고 있는 태양은 보지 못하고 그 태양을 가린 어둡고 깊은 구름만을 본다. 그러고는 너무나 섣불리 저주스러운 구름이 자신의 운명이라고 믿어버린다. 그래서 세상에는 영혼이 아픈 여자들이 너무도 많다. 인간이 감당하기 힘든 공허감과 우울증의 노예가 되어 하루하루를 파괴적으로 사는 여자들이 많다.

이제 삶의 비밀을 깨달아야 할 시간이 왔다. 당신이 허무하고 우울한 구름이 아니라 빛으로 충만한 태양이라는 사실을 인정해야 할 순간이 왔다.

오프라 윈프리는 성공 비결을 묻는 사람들에게 이렇게 대답했다. "나는 항상 마음의 눈으로 내 미래를 바라보았다. 그것은 너무 눈부셔서 눈을 뜰 수조차 없었다." 오프라 윈프리보다 1억 배는 강력한 삶을 산 클레오파트라는 마음의 눈으로 미래를 바라볼 필요도 없었다. 그녀 자신이 위대한 미래였기 때문이다.

지금 당신은 마음의 눈으로 무엇을 보고 있는가.

내면 깊숙한 곳에서 빛나고 있는 태양인가, 아니면 어두운 구름인가.

당신이 스스로를 제대로 바라보기를 바란다.

당신은 이미 빛나는 태양이다.

성공을 위한 준비

성공한 여자들의 스무 살은 클레오파트라의 스무 살처럼 외롭고 초라하고 힘들었다. 그녀들의 스무 살을 만나보자.*

설명이 필요 없는 배우 오드리 헵번은 온 세상의 아픔을 홀로 짊어진 것 같은 얼굴로 거리를 헤매고 있었다. 그녀는 발레리나가 되기 위해 열 살 때부터 온 힘을 다해 노력했지만 정작 그녀에게 돌아온 것은 '넌 발레에 소질이 없으니 다른 길을 알아보라'는 발레 전문가들의 냉정한 충고였다. 얼마 뒤 그녀는 배우로 전향, 여섯 편이 넘는 영화에 단역

---

* 여기서 스무 살은 실제 나이가 아니라 대학 신입생 혹은 사회에 처음 진출한 때를 상징하는 표현으로 사용했다. 사례 속 주인공들의 실제 나이는 열여덟 정도부터 스물한 살 정도까지다.

으로 출연하지만 모두 실패하고 만다.

20세기 가장 위대한 프리마돈나로 불리는 마리아 칼라스는 100킬로그램에 육박하는 몸무게, 가족을 버리고 다른 여자와 살림을 차린 아버지, 자신을 돈 버는 기계 정도로 취급하는 엄마와 언니 때문에 이루 말할 수 없는 고통을 받고 있었다. 얼마 뒤 그녀는 오페라 가수로 데뷔하기 위해 뉴욕으로 향하지만, 보는 오디션마다 탈락하고 만다.

여성 리더십의 표본이라 불리는 영국 최초의 여자 수상 마거릿 대처는 학교생활에 적응하지 못해 괴로워하고 있었다. 심지어 여자 동기들과 여자 선배들에게 따돌림까지 받고 있었다. 극심한 외로움과 우울증에 시달리던 그녀는 정치 토론 동아리의 문을 두드려보지만 이조차 거절당했다. 그렇게 그녀는 학생들로 가득한 캠퍼스 안에서 완벽하게 고립된 섬으로 존재하고 만다.

미국 최초의 여자 대통령에 도전한 힐러리 클린턴은 대학 기숙사에서 부모님께 전화로 이렇게 하소연하고 있었다. "이 학교에 잘못 온 것 같아요. 이곳엔 다들 잘난 애들뿐이에요. 부잣집 아이들도 너무 많고 공부 잘하는 아이들도 너무 많아요. 수업도 따라가기 힘들어요. 수학과 물리학은 포기 직전이고요. 집으로 돌아가고 싶어요. 아무리 생각해봐도 난 이 대학을 계속 다닐 수 있을 정도로 똑똑하지못한 것 같아요." 얼마 뒤 그녀는 충동적으로 기숙사를 탈출, 처음 본 남자와 잠자리를 하는 사고를 치고 만다. 심지어 그녀는 부적절한 약물까지 흡입한다. 그렇게 그녀는 끝없이 망가져가고 있었다.

세계에서 가장 성공한 여자 가수라 불리는 마돈나는 먹고살 돈이 없어서 뉴욕 맨해튼 빈민가의 음식물 쓰레기통을 뒤지고 있었다. 설상가상으로 그녀는 칼을 든 괴한에게끌려가 성폭행까지 당한다. 얼마 뒤 그녀는 자신의 가치를알아본 한 프로듀서와 함께 프랑스 파리로 진출하지만 처참하게 실패한다. 이후 그녀는 다시 뉴욕 맨해튼 빈민가로돌아와 음식물 쓰레기통을 뒤지는 생활을 계속하게 된다.

당신의 이십 대, 아니 당신의 삶은 어떤가. 빛나고 행복하고 밝고 아름다운 것들로 가득한가. 아니면 어둡고 불행하고 고통스럽고 슬프고 외롭고 우울하고 비참한 것들로가득한가.

만일 당신의 이십 대, 당신의 삶이 한없이 외롭고, 한없이 초라하고, 한없이 슬프다면, 기억하라. 당신은 성공하기 위한 준비를 완벽하게 끝냈음을.

당신에게 묻고 싶다. 혹시 방금 속으로 '무슨 말도 안 되는 소릴 하는 거야!' 하고 생각했는가? 만일 그렇다면 당신의 미래는 지금처럼 어둡고 슬프고 힘들 수도 있다. 아니, 지금보다 더 어둡고 더 슬프고 더 힘들 것이다. 당신은 계속 나이를 먹어갈 테고 모든 면에서 그만큼 약해질 테니까 말이다. 생각해보라. 이미 성공할 준비를 갖췄다는 메시지를 황당해하고, 어이없어하고, 의심하고, 부정하는 사람에게 도대체 어떤 성공이 찾아들겠는가. 그런 사람에게는 필연적으로 실패로 얼룩진 삶이 찾아온다.

다시 당신에게 묻고 싶다. 혹시 방금 속으로 '바로 이거다. 내가 듣고 싶었던 메시지는 바로 이것이다!'라며 환호성을 질렀는가. 만일 그렇다면 당신의 미래는 밝다. 당신은 성공을 기대하고 기다리고 열망하는 사람이기 때문이다. 나는 예언한다. 당신의 미래는 지금과 다를 것이다. 당신은 세상의 중심에 서 있을 것이다. 그리고 세상의 중심에서 사자처럼 살아가게 될 것이다.

한때 비참한 실패자였던 오드리 헵번, 마리아 칼라스, 마거릿 대처, 힐러리 클린턴, 마돈나가 좌절과 절망으로 가득한 어둠의 자리에서 털고 일어나 눈부신 빛의 세계로 비상할 수 있었던 까닭은 그녀들이 자신의 모든 것을 걸고 믿었기 때문이다.

"이제 너에게는 더 이상 내려갈 밑바닥이 없다. 이미 너는 세상의 가장 깊은 밑바닥으로 떨어져 박살이 났으니까. 이 얼마나 축복 같은 일인가. 여자가 새로운 인생을 살려면 과거의 자신을 완벽하게 박살내야 하는데, 너는 이미 그것을 해냈으니 말이다. 한마디로 너는 성공하기 위한 준비를 완벽하게 끝냈다. 이제 너에게 남은 것은 성공을 쟁취하는 일뿐이다. 너는 할 수 있다!"라는 메시지를 말이다.

다른 성공한 여자들도 마찬가지다. 그러니 마음을 열고 믿어라. 당신은 성공하기 위한 완벽한 준비를 했다는 사실을 말이다. 만일 당신의 상황이 성공은커녕 생존을 꿈꾸기에도 벅차다면 그것은 더욱 좋은 일이다. 당신이 겪는 고통의 깊이만큼 거대한 성공이 찾아올 테니 말이다.

여기까지 읽었는데도 여전히 말도 안 되는 소리를 듣고 있다고 생각하는가? 맞다. 어쩌면 나는 말도 안 되는 소리를 하는 것일 수 있다. 그런데 생각해보라. 평범한 누군가가, 아니 밑바닥에서 신음하고 있는 누군가가 어느 날 갑자기 태양처럼 솟아올라 세상을 지배하는 광경을 말이다. 그건 참으로 말이 안 되는 소리다. 그러나 진실은 그런 여자들이 존재한다는 것이다. 때문에 그것은 충분히 말이 된다.

다른 여자들이 해냈다면 당신도 해낼 수 있다. 만일 당신이 나의 메시지를 부정하지 않는다면. 클레오파트라가 그랬던 것처럼, 세상의 모든 성공한 여자들이 그랬던 것처럼 '나도 얼마든지 특별한 삶을 살 수 있고, 성공한 여자가 될 수 있다!'라는 사실을 믿기만 한다면 말이다.

그러니 마음을 열고 믿어라.

당신 자신의 가능성을.

당신은 할 수 있다.

자신감의 크기는
자존감의 크기가 결정한다

누구나 태양처럼 빛나는 자신감을 갖고 싶어 한다. 자신감을 가졌을 때라야 비로소 태양처럼 빛나는 삶을 살 수 있다는 사실을 본능적으로 알고 있기 때문이다. 하지만 대부분의 여자는 사소한 자존심도 갖기 어려워한다. 그리고 사소한 세계에서 사소한 일들에 파묻혀 사소하게 살아간다.

자신감의 크기는 자존감의 크기가 결정한다. 자존감은 있는 그대로의 자기를 인정하고 존중하고 사랑하는 것이다. 하지만 대부분의 여자들은 자기 자신에게 부정적인 감정을 가지고 있다. 어떤 실수를 저질렀을 때 자기 자신을 책망하는 대신 스스로에게 진심으로 이렇게 말해주는 여자가 얼마나 있을까.

"괜찮아. 이번 실수는 다이아몬드에 묻은 흙 같은 거야. 그냥 털어내면 돼. 그리고 기억해. 이번 실수와 상관없이 넌 화려하게 빛나고 있다는 사실을. 넌 본래 다이아몬드로 태어났으니까."

자존감은 생애 최악의 실수를 저질렀을 때조차 자신을 미워하지 않는 것이다. 오히려 자신을 신뢰하고 격려하고 사랑하는 것이다. 자존감은 교만이나 무례와는 전혀 다르다. 자신이 저지른 실수에 대해 진심으로 반성하지만 그걸로 자신을 미워하거나 괴롭히지 않는 것이기 때문이다.

내가 보기에 많은 여자들이 자존감이 부족한 이유는 외모 때문이다. 아니, 외모로 자신을 평가하는 태도 때문이다.

충격적인 사실이 있다. 세상 모두에게 미인으로 인정받는 여자들도 외모 때문에 고민하고 힘들어한다.

아주 오래전의 일이다. 강남에서도 내로라하는 미인들로 구성된 한 모임에 초청을 받았다. 그녀들 중에는 세계 또는 국내 미인대회에서 우승한 여자들도 있었고, 연예인도 있었다. 모두 나의 열혈 독자였다. 나는 그녀들과 다과를 나누었고, 그녀들이 가져온 내 책에 사인을 해주었다.

나는 그녀들과 꽤 오랫동안 친분을 유지했는데 겉보기와 달리 그녀들이 지독한 열등감과 우울증에 시달리고 있음을 알게 되었다. 그것도 다름 아닌 외모에 대한 고민 때문에 말이다. 그녀들은 아침에 화장실에서 거울을 볼 때와 밤에 화장을 지울 때가 가장 두렵다고 했다. 메이크업을 하지 않은 자신의 얼굴과 마주할 때마다 상처를 받고, 심지어는 죽고 싶은 마음까지 든다고 했다. 또 그녀들 대부분은 자신보다 어리고 예쁜 여자들에게 적개심에 가까운 감정을 가지고 있었다. 그녀들 중 일부는 재벌 자제들과 유명 연예인들이 자신들보다 몇 배나 예쁜, 이른바 텐프로라는 고급 술집 여자들에게 빠진 나머지 자신들에게 대시하지 않는다는 근거 없는 피해의식도 가지고 있었다.

한마디로 그녀들은 자신의 가치를 외모로 평가하는 안타까운 태도를 가지고 있었는데, 이로 인해 자존감이 지하실 수준으로 추락해 있었다. 자존감이 없는데 자신감이 있을 리 만무하다. 그녀들은 화려한 겉모습과 달리 열등감과 패배감에 찌든 채 이십 대를 초라하게 보내다가 시집을 가거나 다른 나라로 떠났다. 한국을 떠난 그녀들이 어떻게 지내는지는 모른다. 그러나 결혼한 그녀들이 어떻게 지내는 지는 잘 알고 있다. 그녀들은 돈 많은 남편의 그늘 아래서 있는 듯 없는 듯 살고 있다. 마치 이십 대에 돈 많은 아빠의 그늘 아래서 있는 듯 없는 듯 살았던 것처럼 말이다.

그녀들은 자신들의 이런 삶을 '굴종적이다', '불행하다', '매일 조금씩 죽어가고 있는 것 같다', '그저 견디는 것 말 고는 방법이 없다', '능력만 된다면 새로 시작하고 싶다' 등 으로 표현하고 있다.

지금 이 글을 읽는 당신은 어떤가. 혹시 방금 이야기한 여자들과 본질적으로 같은 삶을 살지는 않은가. 영혼보다 는 육체, 내면보다는 외면에 치우친 삶을 살지는 않은가.

물론 여자들이 외모를 꾸미고 가꾸는 것이 문제가 되지는 않는다. 그렇지만 외모로 자신과 타인을 평가하는 태도는 반드시 버려야 한다. 그런 태도는 궁극적으로 당신에게 좌 절감만을 안겨주고, 당신을 불행으로 인도하기 때문이다.

집을 나서기 전 거울 속에서 완벽한 미모를 갖춘 자신을 발견하고 구름 위를 걷는 듯한 감정을 느낀 한 여자가 있 다. 그녀의 감정은 거리에서 자신보다 예쁘다고 느껴지는 여자를 만나는 순간 구름 아래로 추락한다. 만일 그녀가 예민하다면 스마트폰이나 텔레비전에 등장하는 연예인들을 보면서도 자신은 절대로 넘을 수 없는 외모의 벽을 느끼고 구름 아래로 추락하게 될 것이다.

이런 부정적인 감정들이 여자의 무의식에 보내는 메시지는 "네가 아무리 노력하더라도, 설령 네가 너 자체로 완벽해지더라도 너는 영원히 패배자의 세계에 머무를 것이다"이다. 한번 생각해보라. 이런 메시지를 끝없이 받는 여자의 무의식이 여자의 인생을 어디로 인도하게 될까.

클레오파트라는 파라오의 정실부인에게서 태어나지 않았다. 파라오의 여러 첩들 중 한 명에게서 태어났다. 그런데 클레오파트라의 어머니는 왕비에 비해 그리 예쁘지 않았던 것 같다. 정실부인, 즉 왕비에게서 태어난 언니 두 명은 미모가 뛰어났고 키도 컸던 것 같지만 클레오파트라는 그렇지 않았기 때문이다. 한편으로 클레오파트라에게는 '사람의 혼을 앗아갈 정도로'* 아름다운 배다른 여동생도 있었다. 한마디로 그녀는 어릴 적부터 자신은 도저히 뛰어

---

* 《나, 클레오파트라》, 마거릿 조지, 현준만 옮김, 미래M&B, 2007

넘을 수 없는 미모를 가진 여자들에게 둘러싸여 있었다.

아마도 그녀는 상처를 많이 받았을 것이다. 우울증도 앓고 폭식증도 있었을지 모른다. 어쩌면 여러 차례 극단적인 상황에 몰렸을 수도 있다. 자해나 자살시도 같은. 그만큼 클레오파트라는 예민하고 연약하고 또 자존심 센 여자였다.

하지만 지옥의 끝에서 그녀는 있는 그대로의 자기 자신을 인정하고 존중하고 사랑하는 법을 선택했다. 그렇게 그녀는 자존감을 회복하고 마침내는 외모와 환경에 영향받지 않는, 아니 이 두 가지를 초월한 태양처럼 빛나는 자존감을 갖게 되었다. 나는 말하고 싶다. 클레오파트라의 전설은 이때부터 시작되었다고.

특별한 삶을 살고 싶다면 무엇보다 먼저 특별한 내면을 가져야 한다. 세상이 나를 어떻게 대하든 나 자신을 믿고 인정하고 존중하고 사랑할 수 있어야 한다. 그리고 궁극적으로 외적 세계의 모든 것을 초월하는 강한 내면을 가져야 한다. 그런 사람만이 외적 세계를 자신의 의지대로 새롭게 편성할 수 있기 때문이다.

특별한 삶을 사는 여자가 되려면 특별한 외모를 가져야

한다고 속삭이는, 텔레비전으로 대표되는 세상의 거짓말에 귀 기울이지 마라. 대신 자기 자신의 내면의 속삭임에 귀 기울여라. 너는 이미 특별한 상태로 태어났다는, 성공하기 위해서 필요한 것은 더 나은 외모나 더 좋은 학벌 또는 더 많은 돈이 아니라 너 자신을 믿고 인정하고 사랑하는 것이라는 영혼의 속삭임 말이다.

안젤리나 졸리가 세상의 거짓말을 무방비 상태로 받아들였을 때 그녀는 거미줄에 걸린 나비처럼 절망적인 상황에 내몰렸다. 그녀는 외모와 돈에 대한 고민으로 불면증과 우울증이 생겼고, 자살만이 유일한 해결책이라는 위험한 생각까지 하게 되었다.

하지만 그녀는 지옥의 끝에서 영혼의 목소리를 들었고, 있는 그대로의 자기 자신을 긍정하고 감사하고 사랑하는 법을 터득하게 되었다. 그리고 마침내 우리가 아는 안젤리나 졸리가 되었다.

지금 당신은 어떤 소리를 듣고 있는가.
내면의 목소리인가, 세상의 목소리인가.

변화의 시작

스물여덟 P는 강남에서 잘나가는 피부과 의사다. 평일엔 아우디 A4를 몰고서 출퇴근하고 금요일 밤엔 청담동에서 열리는 VIP 파티에 참가하고 휴일엔 동해나 제주로 가서 해양스포츠를 즐기는, 그녀는 한마디로 승자다.

하지만 그건 겉보기일 뿐이었다. 그녀의 마음 깊은 곳은 어린 시절부터 쌓인 열등감과 상처로 가득했기 때문이다. 뾰족한 턱이 문제였다. 그녀는 유치원 시절부터 짓궂은 남자애들에게 '뾰족 턱'이라 놀림을 받았고, 그때부터 '나는 뾰족한 턱 때문에 좋은 남자를 만나지 못할 거야'라는 생각을 하게 되었다. 사춘기를 거치면서 그 생각은 신념 비슷하게 발전했다.

잃은 것이 있으면 얻는 것도 있기 마련이다. 외모에 대한 자신감은 잃었지만 강한 생활력을 얻었다. '나를 지켜줄 수 있는 멋진 남자를 만날 수 없다면 내가 스스로를 지켜야 한다'는 어른스러운 깨달음은 그녀로 하여금 공부에 몰두하게 했고 마침내 의사 가운을 입게 했다.

하지만 잘나가는 의사가 되어도, 외제차를 소유해도, 휴일을 럭셔리하게 즐겨도 뾰족한 턱은 얼굴 아래에 그대로 있었다. 그리고 그녀를 우울의 바다 속으로 끝없이 밀어 넣었다. 성형을 생각하지 않은 것은 아니었다. 그러나 두려웠다. 자신을 잃게 될까봐, 사람들과 진실한 관계를 맺지 못하게 될까봐, 외모만 보고 다가오는 남자와 사귀고 결혼까지 하는 실수를 저지르게 될까봐.

어느 날의 일이다. 교회에 갔더니 P가 나에게 커피를 한 잔 사고 싶다고 했다. 당시만 해도 나는 남녀노소 막론하고 커피 한 잔만 사면 온갖 고민을 들어주고 조언까지 해주는 것으로 유명(?)했다. 지금 생각하면 오지랖이 정말 넓었다. 나는 그녀의 이야기를 듣고 이렇게 말해주었다.

"너무 교과서 같은 이야기처럼 들릴지 모르겠지만 내가 보기에 넌 뾰족한 턱 때문이 아니라 네 스스로의 믿음 때문에 우울하고, 불행하고, 좋은 남자를 만나지 못하고 있는 것 같아. 네 안에는 '나는 절대로 좋은 남자를 만날 수 없어!'라는 믿음으로 가득 차 있는 것 같거든. 당연히 너는 네 턱 때문이라고 믿고 있겠지. 하지만 만일 네 턱이 뾰족하지 않았다면 넌 눈이나 코 같은 다른 부위를 찾아내서 네 믿음을 합리화하지 않았을까? 난 이제부터 네가 다른 믿음을 선택했으면 좋겠어. '나는 꼭 좋은 남자를 만날 수 있다!'라는 그런 믿음 말이야. 물론 그 '좋은' 남자는 네 뾰족한 턱까지 진심으로 사랑하겠지. 만일 네가 새로운 믿음을 갖고 의심하지 않는다면, 그 믿음은 반드시 현실이 될 거야. 그리고 넌 행복해질 거야. 어떻게 그리 자신 있게 말할 수 있냐고? 네 지난 삶을 돌아봐봐. 넌 그동안 부정적인 믿음을 가지고 있었지. 그리고 그 믿음은 현실이 되었고, 널 불행하게 만들었어. 이게 네 삶의 비밀이자 진실이야. 우울증에서 벗어나고 싶다면, 진정으로 빛나는 삶을 살고 싶다면, 행복한 하루하루를 보내고 싶다면, 너를 있는 그대로 사랑해주는 남자를 만나고 싶다면 무엇보다 먼저 네게 그럴 만한 자격이 있다고 믿어야 해. 새로운 삶, 빛나는 삶, 멋진 삶을 살 수 있는 자격 말이야. 네가 스스로를 믿으면 네 삶은 마법처럼 바뀔 거야."

이때까지만 해도 그녀는 황당하다는 얼굴이었다. 하지만 이후 뭔가가 그녀의 마음을 바꾼 듯했다. 후일 그녀는 이렇게 말했다.

"솔직히 말하면 오빠가 무슨 약 장수 같았어요. 하지만 집에 와서 곰곰이 생각해보니 오빠 말이 틀린 게 하나도 없었어요. 그리고 오빠가 제게 스스로를 믿으라고 했잖아요. 만일 오빠가 약 장수 같은 사람이라면 오빠를 믿으라든가, 다른 어떤 걸 믿으라고 했겠죠. 저는 제 생애 최초로 공부 외의 분야에서 자신을 믿어보기로 했어요. 결국 제 인생은 제가 바꿔야 하는데, 제가 스스로를 믿지 못한다면 뭘 바꿀 수 있겠어요."

결론을 이야기하면, 그녀는 새로운 인생을 살기로 결심한 지 하루 만에 자신을 그토록 괴롭혀온 내면의 상처들과 열등감과 우울증을 극복했고, 몇 달 만에 자신을 있는 그대로 사랑해주는 멋진 남자를 만나서 결혼했다.

그녀가 내게 청첩장을 내밀었을 때 난 좀 짓궂게 물었다.

"턱은 어떡할 거니?"

그러자 그녀는 곧 신랑이 될 남자친구의 턱을 사랑스럽게 어루만지면서 대답했다.

"여기 이렇게 멋지고 갸름한 턱이 있는데 굳이 제 턱까지 바꿀 필요는 없겠죠. 앞으로 태어날 우리 아이들을 당당하고 행복하게 키우기 위해서라도 얼굴에 손대지 않으려고 해요. 그리고 수술하면 아프잖아요. 전 아픈 거 무지 싫어한단 말이에요."

말을 마치자마자 그녀는 교회가 떠나가라 호탕하게 웃었다. 그런 그녀를 보면서 나는 이렇게 생각했다.

'이 녀석, 정말 멋진 여자가 되었는걸!'

감사와 성공을 부르는
두 권의 일기

J의 삶을 한마디로 요약하면 '평범함'이었다. 그녀는 평범한 가정에서 태어나 평범한 학창시절을 보내다가 평범한 대학에 들어갔고 평범한 학점으로 졸업했다. 사고방식, 인격, 외모, 지적능력, 운동신경 등도 평범함 그 자체였다. 사회에 나오기 전까지만 해도 그녀의 삶에 어려움은 전혀 없었다. '평범(?)'했기 때문에 가능한 일이었다.

그런데 사회에 나오면서 삶이 꼬이기 시작했다. 평범하게 직장생활을 하다가 괜찮은 남자를 만나서 결혼하고 평범한 가정을 꾸리겠노라는 계획이 입사 초기에 무너지기 시작했다. 그녀는 당시를 이렇게 회상했다.

"회사생활이란 걸 하면서 남의 돈 먹기가 가장 힘들다는 어르신들의 말씀을 온몸으로 깨닫게 되었죠. 정말이지 월요일부터 금요일 또는 토요일까지 조기출근에 잔업에 야근을 했는데, 집에 오면 화장도 못 지우고 기절하듯 잠들기 바빴고 휴일엔 밀린 잠을 보충하느라 밖에 한 번 제대로 나가지도 못했어요. 그런 생활을 1년 정도 하고 나니까 얼굴이 확 늙더라고요. 건강은 말할 수 없이 나빠졌고요. 충격적인 사실은 그게 대한민국의 평범한 직장생활이라는 거였죠. 어느 날 아침에 출근 준비를 하다가 우연히 거울 속에 비친 나를 봤는데 너무 속상해서 눈물이 나더라고요. 제가 다른 건 몰라도 피부는 자신 있었는데 거울 속엔 피부가 망가질 대로 망가진 여자가 있었거든요. 그때 깨달았던 것 같아요. 어쩌면 '평범함'이란 여자가 자기 자신에게 저지를 수 있는 가장 큰 죄악일 수 있다는 사실을요."

그리고 이렇게 덧붙였다.

"한국 사회가 여자에게 가장 강력하게 요구하는 것은 '평범함'인 것 같아요. 그래서 여자들은 야망을 품지 않죠. 환영받지 못하니까요. 또 여자들은 어딜 가든 순종해야 해요. 아니, 정확하게 말하면 순종하는 척해야 하죠. 그래야 집단에서 무리 없이 생활할 수 있으니까요. 아니, 한국 사회가 그런 보이지 않는 룰을 만들어두었죠. 그런데 그런 룰을 누가 만들었죠? 남자들이에요. 한국 사회 시스템과 회사라는 시스템도 남자들이 만들었죠. 남자들이 만든 시스템과 룰 속에는 여자들이 설 자리가 없어요. 그저 '굴종'만 있을 뿐이죠. 그런데 우리는 '굴종'을 '굴종'이라 부르지 않아요. '(학교, 회사, 사회에) 적응을 잘한다'라고 하죠. 또는 '착하다'라고 하고요. 하지만 자신을 마치 폐품처럼 내던지고 사회나 회사의 룰을 따르는 걸 어떻게 적응을 잘한다고 볼 수 있죠? 그건 아무리 포장을 잘해봤자 노예예요. 아무튼 전 평범한 직장생활을 하면서 밑도 끝도 없이 망가져가는 내 자신을 구하기 위해서 '평범함'을 거부하기로 했어요. 특별한 여자, 성공한 여자가 되기로 했다는 이야기예요."

잠깐 J의 이야기를 하고 가자. 그녀는 스물여섯에 직장을 그만두고 통장 잔고를 털어 홀로 배낭여행을 떠났다. 프랑스, 이탈리아, 스페인, 인도, 네팔, 태국, 미얀마 등을 6개월 넘게 여행했다. 강하고 지혜로운 여자가 되고 싶어서였다.

하지만 여행은 여행일 뿐이었다. 즐겁고 고되고 의미 있었지만, 강해지지도 지혜로워지지도 못했다. 하긴 여행에 그런 힘이 있다면 성공한 여자들은 모두 배낭여행자 출신이어야 하리라. 여행을 마치고 귀국한 그녀는 오랫동안 생각했다. 전 재산을 투자한 여행이 왜 자신을 변화시키지 못했는지에 대해서.

한 달 넘게 사색한 결과 '어쩌면 내 머릿속에 든 것이 없어서 그랬던 것은 아닐까?'라는 결론에 도달했다. 이후 그녀는 도서관에서 살았다. 밥 먹고 잠자는 시간을 빼고는 오직 책만 붙들었다. 하루 평균 열여섯 시간 독서하다가 눈병이 나기도 했다. 그만큼 절박했다.

그렇게 그녀는 책에 파묻혀 1년을 보내고, 선배 사무실 한쪽을 빌려 창업하고 CEO가 되었다. 최근에 그녀의 사업체는 연 매출 20억 원을 돌파했다. 참고로 덧붙이면 그녀는 사회적 나눔에 열심이다. 내가 그녀를 알게 된 것도 한 자선 단체의 기부 모임에서였다.

다시 J와의 대화로 돌아가자. 스물여섯에 특별해지기로 결심하고, 서른넷인 지금 실제로 특별한 삶을 살고 있는 그녀에게 인생을 바꿀 수 있었던 비결이 뭐냐고 물었다. J는 내 질문에 이렇게 대답했다.

"제가 도서관에서 살다시피 했을 때 주로 성공한 사람들의 책을 읽었어요. 그들의 성공 비결이 너무 궁금했거든요. 그런데 구체적인 방법은 잘 나오지 않더라고요. '뜨겁게 꿈꾸고 도전하라', '원칙을 지켜라', '신뢰를 얻어라'는 식의 추상적인 이야기들이 대부분이었어요. 어느 날이었어요. 온갖 고통을 극복하고 세계적인 성공을 거둔 한 여자에 관한 책을 읽고 있는데 그녀의 성공 비결이 '감사 일기'를 쓰는 습관 때문이었다고 나오더군요. 갑자기 궁금해졌어요. 그토록 고통스런 과거를 가진 사람이 도대체 뭐가 감사해서 일기까지 썼을까 하고요. 알고 보니 그녀는 사소한 것들에 감사하고 있더라고요. 예를 들면 '오늘도 잘 일어나게 해주셔서 감사합니다', '커피를 마실 수 있어서 감사합니다', '두 발 뻗고 잠들 수 있어서 감사합니다' 이런 식이었어요. 여기서 큰 충격을 받았어요. 만일 그녀가 세계적으로 유명해진 것이라든가 천문학적인 돈을 번 것에 감사했다면 충격을 받을 일은 없었겠죠. 그래서 저도 감사 일기를 쓰기 시작했죠. 재미있는 사실은 그전에 읽었던 많은 책에 '감사 일기'에 대한 내용이 나온다는 거였어요. 제가 감사하는 삶에 관심이 없는 사람이었기에 책이 눈에 안 들어왔던 거죠. 감사 일기를 쓰다 보니 자연스럽게 '성공 일기'에 대해서 알게 되었어요. 성공 일기도 무슨 거창한 성공을 쓰는 게 아니더라고요. 아침에 토스트 대신 잡곡밥을 해 먹은 것, 매일 한 시간 이상 운동한다는 자신과의 약속을 지킨 것 등 삶의 작은 성공을 기록하는 거예요. 감사 일기와 성공 일기를 매일 쓰기 시작하면서 내면에 변화가 생겨났어요. 제 자신을 인정하고 좋아하고 존중하고 사랑할 수 있게 되었죠. 그건 정말이지 거대한 변화였어요. 전 제 자신에 대해서 '바보 같은 여자애', '시집이나 제대로 갈 수 있을까?' 같은 부정적인 인식을 갖고 있었거든요. 지금 생각해보면 마음속이 그런 부정적인 것들로 가득 차 있는데 어떻게 행복하고 좋은 삶을 살 수 있겠어요. 늘 정신없고 피곤하고 무기력하고 나약한 삶을 살 수밖에 없죠. 저는 많은 여자들이 감사 일기와 성공 일기의 힘을 알았으면 좋겠어요. 단지 매일 10분씩 일기를 쓰는 것만으로도 내면을 특별하게 바꿀 수 있거든요. 내면이 바뀌면 마음속의 목소리가 바뀌어요. 그 목소리는 자기 자신을 무한 긍정하고, 무한 신뢰하고, 무한 지지하지요. 생각해보면 저는 그저 마음속의 특별한 목소리를 따라갔을 뿐이에요. 그러다 보니 이 자리까지 오게 되었죠. 앞으로 저는 지금의 성공은 비교도 되지 않을 큰 성공을 거두게 되리라 확신해요. 감사 일기와 성공 일기를 더욱 정성스럽게 쓰고 있는데 내면의 목소리가 더 특별해지고 있거든요."

J의 말이 백번 맞다. 부모나 남자의 도움을 받지 않고 스스로의 힘으로 성공한 여자들은 지극히 사소한 일에도 지극히 감사하는 습관이 있다.

세계적인 성공을 거둔 여자들의 삶을 감사의 관점에서 접근해보라. 매일 아침에 눈뜨자마자 하나님께 자신이 이미 받은 것들과 앞으로 받을 것들에 대해 감사부터 하는데 너무 감사한 나머지 눈물을 한 잔씩 흘린다는 식의 이야기를 어렵지 않게 접할 수 있다.

성공한 여자들은 햄버거 대신 샐러드를 먹는 사소한 성공도 귀하게 여긴다. 그녀들은 자신의 내면과 일상 전체를 성공의 에너지로 채우고 싶어서 안달이다. 경험을 통해서 잘 알고 있기 때문이다. 성공은 성공에 대해 깨어 있는 사람에게만 찾아온다는 사실을.

당신도 깨어 있으라. 감사에 대해, 성공에 대해. 그래야 당신의 삶에 진실로 감사할 일들이 찾아오고, 특별한 성공이 찾아온다. 그리고 이것을 기억하라. 감사와 성공에 대해 깨어 있는 습관은 감사 일기와 성공 일기를 쓰는 순간부터 만들어지기 시작함을.

이 페이지를 넘기기 전에 근처 문방구로 달려가서 노트 두 권을 구입하고, 겉표지에 큰 글씨로 이렇게 적어라.

내 인생을 바꿀 감사 일기

내 미래를 바꿀 성공 일기

만일 당신이 이 글을 읽고도 아무런 행동을 취하지 않는다면 당신은 10년 뒤에도 지금처럼 살고 있을 것이다. 아니, 지금보다 못한 삶을 살고 있을 확률이 높을 것이다.

지금 당장 움직여라. 지금 당장 인생을 바꾸고, 미래를 바꿔라.

10년 뒤 내가 주최하게 될, 행복한 성공자들로 가득 찬 나눔 파티에서 당신을 만나게 되기를……. 그리고 이런 고백을 듣게 되기를…….

"제가 이십 대에 읽은 작가님의 책에서 만난 두 권의 일기가 제 인생을 마법처럼 바꿨어요."

PART 2

불가능을 이겨내는 힘

사람을 사로잡는 1%의 매력
생생하게 꿈꾸면 이루어진다
마음속으로 그린 순간
상대를 사로잡는 강력한 비법
목숨을 걸고 말한다는 것

사람을 사로잡는 1%의 매력

기원전 51년. 프톨레마이오스 12세는 클레오파트라를 여왕으로 선포하고 눈을 감았다. 여왕의 자리에 오른 클레오파트라가 처음 한 일은 그동안 쌓은 경제지식을 활용, 파산 위기에 몰린 국가를 구하는 것이었다. 그녀는 이집트의 화폐 가치를 3분의 1 수준으로 떨어뜨리고 강제 공채를 발행했다. 이는 수출의 급격한 증가와 국고 수입의 증가로 이어졌다. 덕분에 이집트 경제는 위기를 넘길 수 있었다.

그 뒤로도 그녀는 다른 무엇보다 경제를 우선시하는 정책을 강력하게 밀고 나갔다. 그 결과 이집트는 그녀가 통치하는 내내 '부자 나라'라 불릴 수 있었다. 이집트의 경제를 단기간에 안정시킨 클레오파트라는 그 여세를 몰아 종교를 안정시켰고, 당시 서양 최강대국인 로마와의 외교에 힘을 쏟기 시작했다.

그녀는 시리아를 다스리던 로마 장군 비불루스의 두 아들이 살해되자 신속하게 범인을 체포해서 인계했고, 당시 로마 최고의 실력자이자 이집트 왕가의 동맹자인 폼페이우스와의 관계를 돈독히 했다.

클레오파트라가 이집트의 생존과 번영을 위해 밤낮없이 일하고 있을 때, 알렉산드리아의 반反 클레오파트라 세력은 환관 포티누스를 중심으로 은밀히 뭉쳤다. 그들은 마치 우리나라의 친일파 같은 자들이었다. 그들은 나라의 미래나 백성의 행복 같은 것은 전혀 관심이 없었다. 그들의 관심사는 오직 자신들의 이익뿐이었다. 클레오파트라가 펼친 정책은 전적으로 백성을 위한 것이었다. 이는 역으로 기득권에게는 큰 손해가 나는 정책이었다는 의미다.

실제로 기득권 세력이 입은 타격은 막대했다. 나라에 극심한 종교적 갈등이 있을 때 백성은 분열하고, 여기에 더해 큰 외교적 불안이 있을 때 백성은 두려움에 사로잡힌다. 이는 무슨 의미인가. 그만큼 백성을 다루기 쉬워진다는 뜻이다. 물론 나쁜 방향으로 말이다. 그리고 나라 경제가 안정되면 기득권이 백성의 재산을 합법적으로 착취하기가 불가능해진다.

한마디로 기득권 세력은 클레오파트라가 펼친 정책들로 인해 하루아침에 큰 권력과 많은 재산을 잃었다. 이제 클레오파트라는 더 이상 그들의 여왕이 아니었다. 하루라도 빨리 없애야 할 적이었다.

사실 기득권 세력은 처음에는 여왕에 대해 별 신경을 쓰지 않았다. 그들은 여왕을 세상 물정 모르는 바보 정도로 생각했다. 하지만 아니었다. 여왕은 눈부시게 총명했고, 뛰어났다. 그들은 도저히 여왕의 상대가 될 수 없었다. 하여 더러운 음모를 꾸몄다. 환관 포티누스가 앞장섰다. 본래 환관은 이런 일에서 천재적인 능력을 발휘하지 않던가. 포티누스의 음모는 먹혀들었고, 여왕은 하루아침에 반역자가 되었다.

불행 중 다행으로 그녀는 알렉산드리아를 무사히 탈출할 수 있었지만 사막을 떠도는 신세가 되고 말았다. 하지만 그녀는 전혀 굴하지 않고, 오히려 자신의 얼굴이 새겨진 화폐를 발행해서 군대를 양성, 진짜 반역자들이 있는 알렉산드리아를 향해 진군했다.

　포티누스를 중심으로 한 기득권 세력도 가만히 있지는 않았다. 그들도 허수아비 왕의 이름으로 군대를 동원, 여왕의 군대를 맞으러 나갔다. 양쪽 군대는 나일 강 동쪽에 위치한 펠루시움에서 맞붙을 작정이었다.

　그런데 전혀 예상치 못한 일이 터졌다. 로마에서 카이사르와 폼페이우스 사이에 내전이 일어났다. 결과는 카이사르의 승리였다. '불굴의 대장군'이라 불리던 폼페이우스는 한순간에 도망자 신세가 되었다. 폼페이우스는 급히 이집트로 피신했다. 오랫동안 이집트 왕실의 보호자였으니 당연한 일이었다. 하지만 그는 이집트 왕에게, 아니 정확하게 말하면 환관 포티누스 일당에게 살해당하고 만다.

　얼마 뒤 폼페이우스의 뒤를 쫓아 펠루시움에 도착한 카이사르는 폼페이우스의 머리를 선물 받고 통곡한다. 그리고 준엄한 얼굴로 왕과 포티누스 일당을 꾸짖는다. 포티누스 일당은 카이사르가 폼페이우스의 머리를 받으면 곧바로 로마로 돌아가리라고 예상했다. 그러나 카이사르의 속셈은 달랐다. 그는 이집트의 실질적인 통치자가 될 생각이었다.

이를 위해서는 이집트 기득권 세력을 장악해야 했다.

카이사르는 로마로 돌아가는 대신 알렉산드리아 왕궁으로 향했다. 그러고는 그곳에서 부하들과 함께 살기 시작했다. 그는 이집트 기득권 세력을 자신의 발밑에 둘 때까지 알렉산드리아에 머무를 작정이었다.

이때 인류 역사에서 가장 유명한 사건 중 하나가 일어난다. 클레오파트라가 카이사르를 만나기로 한 것이다. 아니, 카이사르를 자신의 남자로 만들기로 결심했다. 그런데 문제가 있었다. 카이사르를 만나려면 왕의 군대가 지키고 있는 전선을 통과해서 알렉산드리아 왕궁, 그것도 카이사르가 머물고 있는 곳까지 가야 했다. 단 이 모든 일은 비밀리에 이루어져야 했다. 만일 발각된다면 반란군 우두머리인 그녀는 바로 그 자리에서 체포되어 지하 감옥에 갇혔다가 사형당할 것이 뻔했기 때문이다. 당연히 모두가 여왕의 계획을 반대했다.

아니, 클레오파트라의 측근들이 그녀의 계획을 결사적으로 반대한 데는 더 큰 이유가 있었다. 그들은 카이사르의 실체를 잘 알고 있었고, 여왕의 외모에 대해서 지극히 현실적인 시각을 가지고 있었다.

카이사르가 누구인가. 로마의 귀부인들은 물론이고 각국의 공주들과 여왕들을 애인으로 두고 있는, 남자들의 숨을 멎게 만드는 미녀가 아니면 쳐다보지도 않는 것으로 유명한, 희대의 미녀 밝힘증 환자이자 세계 최고의 바람둥이 아니던가.

클레오파트라, 그녀의 외모는 어떠한가. 금붕어처럼 툭튀어나온 두 눈, 매부리코, 여기저기 깨지고 검게 착색된 치아들, 사각턱, 두툼한 목덜미, 통통한 손발과 허리, 150센티미터쯤 되는 작은 키, 거무칙칙한 피부……. 한마디로 추녀의 조건은 모두 갖춘 외모다.

아마도 그녀의 측근들은 이렇게 생각했을 것이다.

'여왕은 알렉산드리아 왕궁에 들어가기 전에 체포되어 처형당할 것이다. 만일 1퍼센트의 확률로 카이사르 집무실까지 도달한다고 하더라도 여왕의 외모는 미녀 지상주의자인 카이사르를 분노케 할 것이고, 전쟁터에서 사람 죽이는 것을 식은 죽 먹기처럼 하는 잔인하고 흉포한 카이사르는 당장 허리춤에서 칼을 빼서 여왕의 목을 칠 것이다.'*

----

* 실제로 카이사르는 클레오파트라의 목을 벨 생각을 하고 있었던 것으로 보인다. 그게 이집트 내분을 종식시킬 수 있는 가장 쉽고 빠른 방법이었기 때문이다. 그리고 이집트가 안정을

여기서 잠깐 클레오파트라의 외모에 대해서 이야기를 하고 가자. 많은 사람들이 클레오파트라를 절대 미美의 소유자였다고 생각한다. 만일 클레오파트라의 코가 조금만 낮았더라면 인류 역사가 달라졌을 거라는 말이 있을 정도다. 그러나 이는 전적으로 잘못된 것이다. 근거는 다음과 같다.

첫째, 클레오파트라를 직접 만난 사람들은 하나같이 그녀의 지혜에 대해서는 극찬을 했지만, 외모에 대해서는 '미녀와는 거리가 멀다', '평범하다'는 식의 평가를 내렸다. 그런데 이 평가는 지극히 외교적이고 정치적인 관점에서 행해진 것이었다. 그러니까 그들이 할 수 있는 최고의 찬사였다.

둘째, 클레오파트라가 직접 발행한 동전에는 그녀의 얼굴 초상이 찍혀 있는데 좁은 이마, 매부리코, 각지고 주걱 형태로 튀어나온 턱, 두툼한 목살 등이 사실적으로 표현되어 있다.

찾아야 자신이 이집트의 실질적인 주인이 될 수 있었기 때문이다. 여기에 대해서 스테이시 시프는 《더 퀸 클레오파트라》(정경옥 옮김, 21세기북스, 2011)의 본문과 주석에서 이렇게 말하고 있다. "클레오파트라는 운도 좋았다. (……) 카이사르는 얼마든지 그녀의 목을 벨 수 있었다."(본문) "한 연대기 작가는 이렇게 지적했다. '나는 왕에게 원하는 것을 돌려줄 수 있었소. 선물에 대한 보답으로 클레오파트라 당신의 남동생에게 당신의 머리를 보낼 수도 있었다는 거요.' 루카누스가 카이사르의 입을 빌려서 한 말."(주석)

셋째, 대영박물관이 '클레오파트라 특별 전시회'에서 공개한 열한 개에 이르는 클레오파트라 조각상들은 하나같이 돌출된 두 눈, 엉망인 치아들, 매부리코, 주걱턱, 뚱뚱한 몸매, 작은 키 등을 특징으로 하고 있다.

넷째, 영국 뉴캐슬대학교 연구팀과 캠브리지대학교 연구팀은 클레오파트라 시대의 유물들을 정밀 분석한 뒤 클레오파트라는 전혀 미인이 아니었고 오히려 추녀에 가까웠다는 결론을 내렸다.

다시 본 주제로 돌아가자. 측근들의 반대가 너무 격렬했기 때문일까. 여왕은 깜깜한 밤에 하인 한 명만 대동하고 주둔지를 빠져나와 알렉산드리아 왕궁으로 향한다. 그리고 기적처럼 카이사르와 만난다.

여기에 대해서 우리는 보통 이렇게 알고 있다. 하인이 나체 또는 반나체 상태의 클레오파트라를 카펫 속에 숨겨서 카이사르에게 배달했고, 카이사르는 카펫에서 나온 벌거벗은 젊은 여왕의 미모와 섹시함에 넋이 나갔다고. 그렇게 두 사람의 연애가 시작되었다고.

그러나 이 전설 같은 이야기를 세상에 처음 전했다고 알려진 고대 그리스의 작가 플루타르크의 기록에는 클레오파트라가 카펫에서 나왔다고만 되어 있지, 나체라든가 반나체로 나왔다는 내용은 전혀 없다. 결정적으로 플루타르크는 여왕의 얼굴과 몸매에 대해 '전혀 특별하지 않았다. 매우 평범했다'는 식의 기록을 남겼다. 그러니까 플루타르크는 카이사르가 여왕의 육체적 매력에 넘어갈 확률을 0퍼센트로 보았다.

그리고 당시 서양 세계에서 지적 능력이 가장 뛰어난 사람 중 한 명이었던 클레오파트라가 남자들이 자신의 외모에 대해서 어떻게 생각하고 있는지 몰랐을까? 카이사르가 어떤 남자인지 몰랐을까? 당연히 잘 알았다. 그러니까 그녀는 '자신에게 없는 것', 즉 미모라든가 성적 매력 같은 걸로 카이사르를 사로잡을 생각은 애초에 하지도 않았다.

또 생각해보라. 제아무리 아름다운 여자라 하더라도 돌돌 말린 카펫 속에 오랜 시간 들어가 있으면 예쁘게 치장한 머리는 다 헝클어지고, 공들여 한 화장은 엉망이 되고, 섹시하게 차려입은 옷은 볼품없이 구겨지고 만다.

그런데 전혀 아름답지도 섹시하지도 않은 여자가 돌돌 말린 카펫 속에 장시간 들어가 있다가 나오면 어떻게 될까? 모든 면에서 엉망진창이 될 것이다. 바보라도 알 수 있는 이 간단한 사실을 클레오파트라가 몰랐을까? 누구보다 잘 알았다.

클레오파트라는 '자신에게 있는 것'으로 카이사르를 사로잡을 작정이었다. 그것은 도대체 무엇이었을까? 플루타르코스의 의견을 빌리자면 '인문학적 지혜로 가득한 대화'였다. 그날 밤 두 사람이 나눈 대화 내용에 대해서는 알 수 없다. 지금까지 전해져 내려오는 기록이 없기 때문이다.

하지만 분명한 것은 절세 미녀가 아니면 거들떠보지도 않던, 클레오파트라 같은 외모를 지닌 여자를 경멸하고 혐오하던 희대의 난봉꾼 카이사르가 그녀가 입을 열자마자 그녀에게 매혹당하기 시작했다는 사실이다. 그리고 얼마 뒤에는 그녀를 마치 여신 바라보듯 하면서 그녀를 위해 인생은 물론이고 목숨까지도 걸겠다는 결심을 했다는 사실이다.

앞에서도 이야기했지만 당시 이집트는 두 세력으로 나뉘어 있었다. 여왕을 중심으로 하는 세력과 왕을 중심으로 하는 세력. 전자는 후자에 의해 반란 세력으로 낙인찍혀서 국외로 쫓겨난 상태였다.

그런데 로마를 대표하는 정치 세력인 카이사르가 여왕의 사랑의 노예가 되었다. 이는 무엇을 의미하는가. 카이사르는 이제 왕을 중심으로 하는 이집트 기득권 세력과 적이 되었다. 이는 이집트 기득권 세력에게는 사형선고나 마찬가지였다. 카이사르는 여왕에게 왕위를 되찾아주고, 왕과 기득권 세력에게서 경제권과 형벌권, 군사권 등을 빼앗아서 여왕에게 되돌려줄 것이다. 그때부터 여왕의 복수가 시작되리라. 여왕은 왕과 포티누스 일당에게 반란죄를 적용하고 전부 체포해서 처형할 것이다. 통치란 그런 것이다.

카이사르가 클레오파트라의 사랑의 노예가 된 것을 확인한 왕과 포티누스 일당은 이집트 군대를 몰래 움직여서 알렉산드리아를 포위했다. 그들은 카이사르와 클레오파트라를 없앨 생각이었다. 그래야 자신들의 안위가 보장되기 때문이었다. 로마는 걱정하지 않았다.

'카이사르가 반역의 마음을 품고 있었고, 함께하지 않으면 죽이겠다고 협박해서 어쩔 수 없었노라고 변명하면서 로마의 기득권 세력에게 천문학적인 뇌물을 안겨주면 유야무야 넘어갈 것이다. 로마의 대장군 폼페이우스를 죽였을 때도 별 탈 없었지 않은가.'

그들은 이렇게 생각했다. 물론 그들은 일을 벌이기 전에 카이사르를 설득할 계획이었다. 로마의 장군을 한 번도 아니고 두 번씩이나 살해하는 것은 그들에게도 적잖이 부담스러운 일이었기 때문이다.

확신이 있기에 세운 계획이었다. 비록 지금은 카이사르가 여왕의 마력에 넋이 나가서 여왕의 노예가 되어 있지만 자신과 자신의 군대가 다섯 배가 넘는 이집트 왕의 군대에게 포위당했다는 사실을 깨닫게 되면 바로 정신을 차리게 될 것이라는. 그리고 클레오파트라와는 비교도 할 수 없는 미녀인 클레오파트라의 배다른 여동생 아르시노에를 새로운 여왕으로 추대하면서 그녀를 카이사르에게 바치겠다고 한다면, 또 오늘날로 치면 수백억 원에 달하는 돈을 뇌물로 주겠다고 한다면, 카이사르가 제정신이라면 클레오파트라를 즉시 버릴 것이라는.

그러나 카이사르는 그들의 확신을 산산이 부숴버리고 말았다. 카이사르는 눈부신 미모를 자랑하는 아르시노에 대신 못생긴 외모를 자랑(?)하는 클레오파트라를 선택했다. 이집트의 모든 부富를 한 손에 쥐고 있는 기득권 세력 대신 거지나 다름없는 클레오파트라를 선택했다. 그리고 고작 4천 명에 달하는 병력으로 2만 2천 명에 달하는 이집 트 왕의 군대와 싸우는 쪽을 선택했다. 스무 살 클레오파 트라에게 미치지 않고서야 할 수 없는 선택이었다.

기록에 따르면 카이사르는 알렉산드리아에서 포위된 채 로 6개월 가까이 이집트 왕의 군대와 싸웠다. 도무지 승산 이 보이지 않는 싸움이었다. 오히려 상황은 갈수록 절망적 이었다. 카이사르의 부하들 중 많은 사람이 전사했고, 카이 사르 자신도 죽을 위기를 겪어야 했다.

이 모든 일의 원인은 클레오파트라였다. 클레오파트라만 적에게 넘긴다면 전혀 겪지 않아도 되는 위험이었다. 하지 만 카이사르는 오히려 더욱 뜨겁게 클레오파트라를 사랑했 다. 그는 마치 클레오파트라를 위해서 태어난 사람 같았다.

카이사르와 이집트 왕의 전쟁은 결국 카이사르의 승리로 끝난다. 카이사르가 귀신도 놀랄 만한 전략을 구사했기 때 문이 아니다. 로마에서 대규모 원군을 파견했다. 원군의 도 움으로 겨우 승리를 거둔 카이사르는 클레오파트라에게 이 집트의 모든 권력을 쥐어주고, 그녀와 함께 밀월여행을 떠 난다.* 두 사람 사이에는 아들이 생긴다.

얼마 뒤 카이사르는 동방 원정을 위해 이집트를 떠난다. 물론 연인 클레오파트라를 보호하기 위해 알렉산드리아에 로마 군단을 무려 세 개나 남겨놓고서 말이다. 기록에 따르면 카이사르는 클레오파트라 곁을 떠나는 것을 심히 힘들어했다고 한다. 부하들의 강요에 가까운 요청 때문에 어쩔 수 없이 동방의 전쟁터로 향했다고 한다.

몇 년 뒤 카이사르는 로마 정치의 정점에 오르고, 암살을 당한다. 카이사르가 암살당한 이유는 익히 알려져 있다. 그의 존재가 로마 공화정에 위협이 되었기 때문이다. 그러니까 카이사르 반대파는 카이사르가 공화정을 폐지하고 황제가 될까봐 두려웠다. 그런데 여기에 클레오파트라가 관련되어 있다는 사실을 아는 사람은 많지 않다.

클레오파트라에게 푹 빠진 카이사르는 클레오파트라를 로마에 초청해서 자신의 별장 중 가장 화려한 곳에서 기거하게 했다. 그리고 그녀가 로마 명문가 사람들과 교류할 수 있게 해주었다. 한마디로 그는 클레오파트라를 세계 정치, 경제, 문화의 중심지에 데뷔시켰다.

---

* 3주라는 설도 있고 6~9주라는 설도 있다.

사실 카이사르는 이 정도에서 멈췄어야 했다. 그는 여기서 더 나아갔다. 카이사르는 로마 중심부에 위치한 베누스 제네트릭스 사원에 황금으로 만든 클레오파트라 상을 그것도 로마 시민들이 국가의 수호신으로 생각하는 베누스 상 옆에 세웠다. 이는 비유하자면 우리나라 대통령이 광화문 광장 세종대왕 상 바로 옆에 자기 애인의 동상을 세운 것이나 마찬가지다.

로마 시민들은 큰 충격을 받았고, 깊은 모욕감을 느꼈으며, 카이사르에 격노했다. 카이사르의 열성적인 지지자들조차 카이사르가 마녀 여왕에게 홀린 나머지 로마의 위대한 공화정 정신을 저버리고, 혐오스러운 이집트 전제군주제와 미개한 파라오 사상―통치자를 인간이 아닌 신으로 생각하는―에 깊이 물들었다고 통탄했을 정도였다.

한편으로 카이사르 반대파는 이 사건을 매우 심각하게 받아들였다. 그들은 카이사르가 왕이 되고자 하는 욕망, 아니 더 나아가서 이집트의 파라오처럼 사람들 위에 신으로 군림하고자 하는 야망을 간접적으로 드러냈다고 판단했다.

만일 여기서 카이사르를 멈추게 하지 않으면 오래지 않아 카이사르는 자신의 야망을 현실화시킬 게 분명했다. 그

땐 로마 시민들이 목숨 걸고 지켜온 공화정이 처참하게 파괴될 것이고 로마라는 국가는 카이사르라는 한 개인의 소유물이 될 것이다. 설령 가장 추악하고 가장 비겁하고 가장 잔인한 수단을 쓰는 한이 있더라도 지금 여기서 카이사르를 멈추게 해야 한다. 그들은 이렇게 생각했다. 그러니까 카이사르의 클레오파트라 황금 상 사건은 카이사르 반대파로 하여금 카이사르 암살을 시도하게 만든 결정적인 이유들 중 하나가 되었다.

카이사르가 허무하게 암살당하면서 클레오파트라는 하루아침에 땅바닥으로 추락했다. 잘못하다가는 자신은 물론이고 아들까지 살해될 판이었다. 클레오파트라는 아들을 데리고 도망치듯 로마를 떠나 이집트로 향했다. 이제 그녀에게는 절망적인 미래만 남은 듯했다.

그런데 여기서 다시 한 번 믿기 힘든 일이 벌어진다. 카이사르 반대파를 제압하고 순식간에 2기 삼두정치의 실세로 떠오른, 카이사르의 뒤를 이어 서양 최고의 남자로 등극한 안토니우스가 클레오파트라에게 폭풍처럼 빠져든 것이다.

사실 안토니우스는 클레오파트라를 처음 본 순간부터 불

같은 사랑에 빠졌다. 그렇지만 자신은 감히 비교도 되지 않을 영웅 카이사르 때문에 감히 내색조차 못하고 있었다. 그런데 이제 드디어 기회가 온 것이다. 클레오파트라의 남자가 될 수 있는, 기적 같은 기회가 말이다. 안토니우스는 그 기회를 온 힘을 다해 붙들었다. 그는 클레오파트라라는 우주 속으로 자신을 송두리째 내던졌다. 그리고 생애 최고의 행복을 누렸다. 안토니우스에게 있어서 클레오파트라와 함께하는 모든 순간은 황홀함의 극치였다. 그렇게 그는 클레오파트라의 '것'이 되었다.

도대체 클레오파트라에게는 어떤 비결이 있었기에, 세계 최고의 남자를 둘씩이나 사랑의 포로로 만들 수 있었을까?

생생하게 꿈꾸면 이루어진다

만일 당신 친구, 그것도 고등학교 시절 외모 때문에 남자들에게 가장 인기 없었던 친구가 당신에게 이런 이야길 한다면 어떨까.

"이번 방학 때 비행기 타고 할리우드에 가려고 해."

"왜?"

"레오나르도 디카프리오를 만나보려고."

"응? 디카프리오가 만나준대? 그건 그렇고 만나서 뭘 할 건데?"

"사귀어주려고. 평생 한 여자만 바라보고 사랑하는 기쁨을 누리게 해주려고."

"그러니까 그 '한 여자'가 너라고?"

"응."

스무 살 클레오파트라가 카이사르를 사랑의 노예로 만들겠다며 알렉산드리아로 향할 때의 상황이 이와 같았다. 아니, 이보다 만 배는 더 비현실적이었다. 당시 카이사르는 오늘날로 치면 '미국 대통령＋할리우드 톱스타＋세계적인 재벌' 정도의 조합이었으니까. 뭐랄까, 버락 오바마와 레오나르도 디카프리오와 빌 게이츠를 합한 정도였다고나 할까.

아니, 카이사르는 이 조합보다 최소 만 배는 더 폭발적인 에너지를 가진 사람이었다. 오바마도 디카프리오도 빌 게이츠도 2천 년 뒤에는 아무도 기억하지 못하겠지만 카이사르는 여전히 무수히 많은 사람들의 마음속에 별처럼 떠 있을 테니까 말이다. 지난 2천 년 넘는 세월 동안 그랬듯이.

서양 최고의 신학자이자 인문학자인 성 아우구스티누스는 인간이라는 존재는 육, 혼, 영 세 가지로 구성되어 있다는 삼분설을 주장했다. 여기에 따르면 육이 강한 사람은 혼이 강한 사람에게, 혼이 강한 사람은 영이 강한 사람에게 지배받는다. 그렇다면 영이 강한 사람은 어떤 사람일까?

믿음이 강한 사람이다.

이순신 장군을 생각해보라. 133척의 왜선이 몰려오는 명량에서 고작 13척의 배로 승리하지 않았던가. 어떻게 그런 일이 가능할 수 있었을까? 이순신 장군에게는 승리를 향한 절대적인 믿음이 있었다. 연애도 마찬가지다. 절대적인 믿음을 가진 사람은 불가능해 보이는 사랑을 기어코 이루어낸다.

클레오파트라에게는 제아무리 세계 최고의 남자라도 내가 마음만 먹으면 얼마든지 사랑의 노예로 만들 수 있다는 절대적인 믿음이 있었다. 주변 모든 사람이 카이사르를 만나자마자 죽을 확률이 100퍼센트라고 이야기하는 상황에서 목숨을 걸고 알렉산드리아로 향하는 클레오파트라의 마음을 들여다보라. 그 안에 불안, 의심, 걱정, 두려움 같은 부정적인 감정들이 단 1퍼센트라도 있었을까? 만일 그랬다면 그녀는 중간에 발걸음을 되돌렸을 것이다. 클레오파트라의 마음속에는 드디어 내 생명까지도 바칠 수 있는 여자를 만났다는 황홀감과 만일 이 여자를 내 것으로 만들지 못하면 난 죽는다는 두려움에 사로잡힌 카이사르의 모습, 그것 하나밖에 없었다. 한마디로 그녀는 절대적인 믿음을 통해 카이사르를 만나기도 전에 그를 이미 지배했다.

당신은 이 비밀을 잘 알아야 한다. 그리고 잘 실천해야 한다. 그래야 이십 대에 내가 눈과 마음과 감각과 영혼을 사로잡을 사람을 만날 수 있고, 그를 내 것으로 만들 수 있다. 그렇다면 클레오파트라의 비결을 어떻게 실천할 수 있을까? 다음을 보자.

어디를 가든 꼭 그런 사람이 있다. 별로 예쁘지도 않은데 두 눈이 휘둥그레지도록 근사한 남자를 데리고 다니는 여자, 그리 내세울 만한 능력도 없는데 주위가 다 환해지는 그런 미인과 사귀는 남자.

멋진 이성과 사귀고 싶어서 갖은 발버둥을 쳐도 도리어 퇴짜만 맞는 사람들의 배를 심하게 아프게 만드는 이런 사람들의 특징은 별다른 노력을 하지 않는다는 것이다. 가만히 있어도 숨이 멎게 만드는 그런 이성이 먼저 다가와서 사랑을 고백한다.

이런 사람들에게 어떤 비결이 있다는 것을 밝혀낸 사람들이 있다. 미국의 유명 칼럼니스트 마크 마이어스와 영국 하트퍼드셔대학교 심리학과 교수 리처드 와이즈먼 박사가 대표적이다.

특히 영국왕립협회 초빙강사이기도 한 리처드 와이즈먼 박사의 연구가 주목할 만하다. 그는 이성에게 늘 차이기만 하는 불운한 사람들 수백 명과 그 반대의 사람들 수백 명을 대상으로 10여 년간 심도 있는 연구를 진행했다. 그 결과 리처드 와이즈먼 박사는 행운의 주인공들은 불운의 주인공들이 갖지 못한 어떤 마음의 습관을 갖고 있다는 사실을 발견했다.

한편으로 와이즈먼 박사는 불운의 주인공들을 대상으로 행운의 강좌를 열어서 행운의 주인공들이 가진 마음의 습관을 전수했다. 그러자 놀라운 일이 벌어졌다. 이성에게 늘 차이기만 했던 사람들이 전부 이성의 열렬한 구애를 받는 사람들로 변화했다.

참고로 덧붙이면 리처드 와이즈먼 박사가 기획한 행운과 불운에 관한 실험들은 BBC 과학프로그램에서 방영되었고, 《네이처》《사이언스》《사이코로지컬 불리턴》같은 세계적인 과학 잡지와 〈타임스〉〈가디언〉〈데일리텔레그래프〉같은 세계적인 언론매체에서 비중 있게 다루어졌다.

두 사람이 밝혀낸 '어떤 비결'은 이 책이 다루고 있는 주제와 같다. 그 비결이란, 감히 쳐다볼 수조차 없을 정도로 가슴 떨리게 만드는 그런 사람이 나에게 홀딱 빠져서 내 뒤를 정신없이 쫓아다니고, 나 때문에 숨이 멎도록 행복해하는 광경을 의식적으로든 무의식적으로든 생생하게 꿈꾸어라, 그러면 진짜로 그런 일이 생긴다, 이기 때문이다. (……)

마크 마이어스나 리처드 와이즈먼 등이 R=VD(Realization=Vivid Dream, 생생하게 꿈꾸면 이루어진다) 공식이 이성교제나 결혼에 미치는 영향을 단순히 알리는 데 치중한 사람들이라면, 《마음을 열어주는 101가지 이야기》라는 책으로 우리나라에도 널리 알려진 마크 빅터 한센과 잭 캔필드, 세계적인 변화심리학자 앤서니 라빈스, 인간의 사고가 실제 현실에 미치는 영향을 25년간 연구하고 세계 각국의 사람들을 대상으로 그 내용을 20년간 강의한 존 키호 같은 사람들은 R=VD 공식을 사용해서 꿈에 그리던 연인을 실제로 만나서 결혼한 사람들이다. 그리고 대중을 상대로 R=VD 공식으로 결혼하는 법을 가르치는 사람들이다. 한 시간에 적게는 수백만 원 많게는 수천만 원에 달하는 강사료를 받고서 이들이 가르치는 이성교제 및 결혼 VD는 다음과 같다.

1 아직 좋아하는 사람이 없다면, 사귀거나 결혼하고 싶은 사람의 성격, 외모, 직업, 재산, 종교 등을 정하라. 매우 구체적으로 정해야 한다. 아직 만나지 못했을 뿐 당신이 원하는 사람이 세상에 실제로 존재하기 때문이다.

2 당신이 좋아하는 사람이 있다면 그 사람과 운명처럼 사귀고 결혼하게 될 계기를 정하라. 예를 들면 매일 출근길에서 만나지만 인사 한 번 나눠본 적 없는 사람을 소개팅 파트너로 만나게 되고 그 사람으로부터 애프터를 받는 상황 같은 것 말이다.

3 1번과 2번의 내용을 예쁜 종이에 적어라.

4 매일 시간을 내서 글로 적은 내용을 소리 내 읽어라.

5 소리 내어 읽은 뒤에는 의자에 앉거나 자리에 누워서 눈을 감고 편안한 마음으로 상상하라. 글로 적은 내용이 전부 이루어지는.

6 눈을 감고 상상하기가 어려운 사람은 VD 사진첩을 만들어라. 잡지나 신문 등에서 이상형의 외모를 가진 사람들의 사진을 오려서 한 챕터를 만들어라. 그 사람에게 받고 싶은 선물 사진들을 오려서 한 챕터를 만들어라. 그 사람과 함께 여행하고 싶은 장소의 사진들을 모아서 챕터 하나를 만들어라. 그 사람과 결혼하고 싶은 예식장의 사진, 가고 싶은 신혼여행지 사진, 같이 살고 싶은 집의 사진 등을 모아서 한 챕터를 만들어라. 물론 꼭 이 순서를 따를 필요는 없다. 취향에 맞게 자유롭게 만들면 된다. 사진첩을 완성하면 매일 시간을 내서 사진첩을 보면서 VD를 하라. 이상형을 만나서 사랑에 빠지고 그 사람과 함께 사진첩에 나와 있는 모든 것을 함께하는.

7 당신의 VD가 이루어진다는 확신을 가져라. 의심은 절대 금물이다. 주위 사람들이 뭐라 하든, 당신 내부의 부정적인 자아가 어떤 소리를 하든 상관하지 마라. 오직 믿음에 믿음만을 더하라.

-《꿈꾸는 다락방》 중에서

방법은 이게 전부다. 이대로만 하면 된다. 그러면 누구나 꿈에 그리던 남자를 만나서 결혼할 수 있다. 이미 무수히 많은 사람들이 이 방법을 활용해서 사랑의 꿈을 이뤘다.

일례로 지금 스마트폰을 들어서 인터넷 검색창에 '배우자 기도'라고 쳐보라. 위에서 말한 '사랑·결혼 VD'의 기독교판이라고 할 수 있는데, 여러 유명 여자 연예인들이 '배우자 기도'를 통해 진정한 영혼의 반쪽을 만났다고 고백하는 기사를 볼 수 있을 것이다. 그리고 평범한 사람들이 블로그 등에서 '배우자 기도'를 하는 고백들도 많이 만날 수 있을 것이다.*

그렇다면 클레오파트라도 카이사르에게 이 '방법'을 사용했을까? 아니다. 그녀는 당시에 이미 존재 자체가 세속적인 믿음의 결정체였기에, 즉 그녀에게는 카이사르와의 사랑에 대한 절대적인 믿음이 있었기에 굳이 이런 '방법'이 필요 없었다.

아니, 클레오파트라는 어릴 적부터 알렉산드리아 도서관에서 현자들에게 마음의 힘을 활용하는 법에 대해 배웠다.

---

* 물론 기독교인의 간절한 믿음은 예수 그리스도의 복음을 전하는 일에 쓰여야 함이 원칙일 것이다.

그리고 이 방면의 달인이 되었다. 그렇게 그녀는 자신이 얻고자 하는 대상을 향해 절대적인 믿음을 갖는 법을 터득했고, 이를 통해 여왕의 자리에 올랐고, 카이사르와 안토니우스 같은 세계 최고의 남자들을 소유할 수 있었다. 클레오파트라도 처음에는 '방법'을 배웠고, 이후 '방법'을 초월했다.

1 내가 어떤 외모의 소유자든, 어떤 열악한 환경에 처해 있든 최고의 남자를 가질 수 있다고 완벽하게 믿는다.
2 최고의 남자를 찾아가서 내 소유로 만든다.

어찌 보면 황당하게 느껴지는 원칙 두 가지는 재클린 케네디, 심프슨 부인, 다이애나 비 같은 평범한 여성들이 대통령, 왕자, 황태자 같은 위치에 있는 남자들을 자신의 것으로 만들기 위해 실천한 것이기도 하다.

이는 무엇을 의미하는가. 지금 이 글을 읽으면서 '진짜일까?' 의심하는 당신이 충분히 실천해도 되는 '방법'이라는 뜻이다. 한번 생각해보라. 만일 당신이 이 '방법'을 활용해서 최고의 남자를 갖게 된다고 한들 그게 지금 이 글을 쓰고 있는 나와 무슨 상관일까? 그것은 전적으로 당신의 기쁨이 될 일이지 나와는 전혀 상관이 없다. 한마디로 당신이 이 '방법'을 실천해서 어떤 남자를 만나든 나는 당신에게서 어떤 이익도 얻을 수 없다. 그러니까 의심할 시간에 믿음을 가져보기를 바란다. 의심은 아무것도 낳지 못하지만 믿음은 기적을 낳으니까 말이다.

다시 처음 이야기, '만일 당신 친구가 방학 때 할리우드에 가겠다고 한다면'으로 돌아가자. 아마도 이 책을 읽는 사람들은 한 번쯤 이런 소리를 들어왔을 것이다.

"네 분에 넘치는 남자는 꿈도 꾸지 마. 네가 그런 남자와 맺어질 일은 결코 있을 수 없으니까. 여자는 때 되면 적당한 남자 만나서 시집가는 게 가장 좋은 거야."

이런 식의 이야기를 부모님, 선생님들, 친구들, 선배들 등등 주변 사람들에게 20년 이상 듣다 보면 어떻게 될까? 설령 유럽의 공주라도 적당한(?), 그러니까 불타오르는 사랑은 없고 그럭저럭 조건에 맞추는 결혼을 하게 된다.

이제부터는 당신에게 다른 이야기를 들려주어라. 클레오파트라의 이야기, 심프슨 부인의 이야기, 재클린 케네디의 이야기를 들려주어라. 모두가 불가능하다고 이야기한 사랑을 실제로 쟁취한 여자들의 이야기를 말이다. 그리고 이렇게 속삭여주어라.

"넌 언젠가, 아주 어릴 적부터 꿈에 그려온 그 사람을 만나게 될 거야. 그리고 그 사람에게서 굉장히 격렬한 사랑 공세를 받게 될 거야. 그렇게 넌 지상에서 가장 아름다운 사랑 이야기의 주인공이 되어서 행복하게 살 거야."

당신이 스스로에게 이런 메시지를 들려줄 때 당신의 운명은 새로운 방향으로 흐르기 시작한다. 모두가 기적이라고 부르는 사랑을 불러들이기 시작한다.

만일 당신의 친구가, 그것도 고등학교 시절 외모 때문에 남자들에게 가장 인기 없었던 친구가 방학 때 디카프리오에게 사랑을 가르쳐주기 위해 할리우드로 떠날 계획이라고 하면 비웃지 말고 뜨겁게 응원해주어라.

당신이 누군가의 믿음을 비웃는다면 당신의 영혼이 힘을 잃는다. 그러니 당신 자신을 위해서라도 믿고, 지지해주고, 격려해주어라. 혹시 아는가. 당신의 친구가 오래전부터 클레오파트라의 '비밀'을 발견하고 실천해온 사람일지.

만일 클레오파트라라면 친구를 뜨겁게 믿어주는 것은 물

론이고 함께 할리우드를 정복하자며 비행기 표를 끊었을 것이다. 그렇게 살아야 영혼이 강해지고, 영혼이 강한 사람이 결국 모든 것을 얻는다는 사실을 잘 알기 때문에 말이다.

아니, 나는 당신이 방학 때 할리우드 유명 배우에게 사랑을 가르쳐주겠다며 미국행 비행기 표를 끊는 여자가 되기를 바란다. 진짜로 떠나라는 이야기가 아니다. 현실을 초월한 믿음을 가진 사람이 되라는 의미다. 클레오파트라처럼 불가능을 넘어선 사랑을 하는 사람이 되라는 의미다. 인생은 짧고, 한 번뿐이다. 인생에서 가장 빛나는 순간은 사랑을 하는 순간뿐이다. 스무 살의 클레오파트라는 이 사실을 잘 알았다. 그렇기 때문에 '사랑'에 목숨까지 걸 수 있었던 것이리라.

당신의 이십 대가 꿈과 열정으로 가득차기를 빈다. 순간순간이, 하루하루가 '깨어 있음'으로 가득하기를 빈다. 그보다 당신의 이십 대가 '사랑'으로 가득하기를 빈다.

누구나 하는―조건 보고 대충하고, 외로워서 하고, 때가 돼서 하는―그런 쉽고 공허한 사랑 말고 클레오파트라처럼 위대하고 특별한 사랑을 하게 되기를 빈다.

마음속으로 그린 순간

달동네에서 살던 시절의 일이다. 그날도 평소와 다름없이 치열하게 글을 쓰고 있는데 문 두드리는 소리가 났다. 이 밤중에 누굴까 했더니 교회 청년부에서 꽃미남으로 소문 난, 거의 모든 자매들이 이상형으로 손꼽는 K였다. 잠시 후 난 K가 사온 1.5리터짜리 사이다에 포테이토칩을 안주삼아 마시면서 K의 하소연을 듣고 있었다. K의 고민은 자신에게 2년 넘게 일방적으로 사랑을 강요(?)하는 C 때문에 힘들다는 것. 다음은 당시에 K와 내가 나눈 대화의 한 부분이다.

"형, C는 진짜 제 스타일이 아니거든요. 제가 교회에 나갈 때마다 C 때문에 괴로워 죽겠어요. 형은 자매들하고 많이 친하잖아요. 형이 좀 C에게 제 마음을 이야기해주시면 안 될까요? 제발 불쌍한 영혼 하나 구해준다고 생각하고 해주세요."

"도대체 C의 어디가 그렇게 싫은데? 난 나름 괜찮은 아이라고 생각하는데."

"그냥 제 스타일이 아니에요. 단 한 번도 C를 여자라고 느껴본 적이 없어요."

"알았다. 내가 한번 이야기해보마."

며칠 뒤 나는 한 유명 아이스크림 가게에서 C를 만났다. K의 말을 전달하자, 그녀는 분노한 얼굴로 자리를 박차고 일어섰다. 그러고는 다음 말을 남기고 쌩하니 가버렸다.

"저도 알아요. 제가 못생겼다는 거. K 오빠가 사람들 앞에서는 여자 외모를 절대 안 따지는 것처럼 말하고 행동하지만 사실은 은근 외모를 많이 따진다는 것도 잘 알아요. 그래서 제가 K 오빠 맘에 전혀 안 찬다는 것도 잘 알아요. 하지만 이런 식은 진짜 아니라고 생각해요. 본인이 직접 와서 말하든가. 아무 상관도 없는 오빠에게 이렇게 말하도록 하는 거 정말 실망이에요."

난 미안하고 민망한 마음에 얼굴이 새빨개졌다. 그날 밤 난 C에게서 문자를 받았다.

「지성 오빠, 아까는 미안했어요. 그런데요. 난 K 오빠 포기 못해요. 내 남자니까요.」

나는 순간 가슴이 꽉 막혔다. 그래서 이런 답장을 보냈다.

「알아, 네 마음. 솔직히 난 널 응원하고 싶지. 그런데 K는 좋아하는 자매가 있잖아. 그 뮤지컬인가 뭔가 하는 자매.」

「그리고 너도 오늘 느꼈겠지만 K, 걔 좀 인간이 덜 됐잖아. 자매들 앞에서는 온갖 착한 척 다하지만 사실은 그렇지 않다는 거. 다 인기 끌려고 하는 짓이고, 녀석의 실체는 이기심 그 자체라는 거.」

그러자 바로 이런 문자가 왔다.

「알아요. 하지만 K 오빠는 결국 나랑 결혼하게 될 거예요. 그리고 오빠의 잘못된 부분은 제가 다 고쳐줄 거예요.」

나는 더 이상 대답할 수가 없었다. 며칠 전 내 방에 찾아온 K가 사이다를 마치 소주처럼 마시면서 털어놓은 말이 가슴을 옥죄었기 때문이었다.

"형, 전 뮤지컬 하는 P가 좋아요. 마침 지금 서로 잘되고 있어요. 곧 사귀게 될 것 같아요. 솔직히 P, 진짜 연예인처럼 예쁘잖아요. 옷도 잘 입고. 밝고 화사하고 상냥하고. 저랑 정말 잘 어울리는 커플이 될 것 같아요."

난 그만 신경 끄고, 글을 쓰기로 했다. 예배도 일부러 청년부를 피해서 드렸다. 그렇게 몇 달이 지났고, 난 우연히 교회 카페에서 만난 자매들에게서 C의 소식을 들었다. C는 K에게 상처를 크게 받았고, 교회를 옮겼다고 했다. 그 뒤로 약 1년 가까이 C의 소식을 듣지 못했다.

그러다가 어느 날 교회에서 C를 보게 되었다. 내가 깜짝 놀라서 어떻게 된 일이냐고 물으니 그녀가 생글생글 웃으면서 대답했다.

"K 오빠랑 결혼하려고요. 이제 저도 곧 서른인데, 슬슬 준비해야죠."

며칠 뒤 K는 내 자취방을 다시 찾아왔다. 이번에는 교회 형제들과 함께였다. 그날도 K는 사이다를 연거푸 들이마시면서 C 때문에 괴로워 죽겠다고 했다.

그 뒤로 2년 정도가 흘렀다. 그동안 C는 한결같이 K에게 "오빠는 나랑 결혼할 운명!"이라고 선언했고, K는 그때마다 괴로워했다.

이제 두 사람의 결론을 이야기하자. 두 사람은 C가 다시 교회로 돌아온 지 2년째 되던 해 어느 날 느닷없이 사귀기 시작했고, 사귄 지 석 달 만에 결혼했다. 지금 둘 사이에는 애가 둘 있다.

나는 C가 K와의 결혼에 대해서 부정적인 이야기를 하는 것을 단 한 번도 본 적이 없다. 심지어 C는 K에게서 "너처럼 못생긴 애는 진짜 내 스타일이 아니니까 이만 꺼져줄래!"라는 소리를 듣고 충격을 받아 교회를 다른 곳으로 옮길 때에도 "나중에 같이 살면서 나한테 얼마나 미안해하려고 그런 소리를 해!"라고 했을 정도였다.

나는 생각한다. C는 K와의 결혼에 확신이 있었고, 그 확신을 끝까지 지켰기에 마침내 확신이 현실이 되는 것을 경험했다고.

후일 두 사람을 만나 커피 한잔할 기회가 있었다. 난 K에게 물었다.

"너 인마, 만날 C 싫다고 난리더니 이게 무슨 짓이야? 떡하니 결혼을 해버리고! 그건 그렇고 너한테 무슨 일이 있었던 거야?"

K가 환하게 웃으면서 대답했다.

"진짜 그때는 왜 그렇게 제가 바보였는지 모르겠어요. 이토록 귀하고 소중하고 아름다운 사람인데, 왜 그렇게 몇 년 동안 밀어내기만 했는지. 지금 생각하면 그 시간들이 너무 아까워요. 그래도 고맙죠. 집사람이 저를 포기하지 않아 줘서요."

내가 미간을 살짝 찌푸리며 다시 물었다.

"그런 얘긴 둘이 집에 가서 하고. 도대체 뭣 때문에 느닷없이 사귀고 결혼까지 한 거냐고?"

그러자 K가 머리를 긁으면서 이렇게 답했다.

"글쎄요. 저도 잘 모르겠어요. 어느 순간부터 집사람이 조금씩 마음속에 들어오기 시작하더니, 갑자기 저를 사로잡아버리더라고요. 그때 이 사람 아니면 죽는다는 강렬한 깨달음을 얻게 되었어요. 집사람이 혹시나 다른 남자에게 갈까봐 두렵기도 했고요. 그래서 급해졌던 것 같아요. 그런데 지금도 이유를 잘 모르겠어요. 내가 왜 그렇게 갑자기 돌변했는지."

이때 조용히 듣고 있던 C가 끼어들었다.

"내가 늘 마음속으로 그 순간을 그리고 있었으니까. 오빠가 내게 사랑을 고백하고 청혼을 하는 그 순간을. 그리고 우리가 이렇게 함께 살고 있는 순간들을. 내가 간절하게 그리고 또 그렸으니까. 오빠, 세상에 이유 없이 벌어지는 일은 없어요. 특히 불가능해 보이는 사랑이 이루어지는 일은 더욱 그래요."

상대를 사로잡는 강력한 비법

내 독자 중에는 연예인이 제법 있다. 한때 우리나라를 대표하는 걸그룹의 CD에 내 이름이 올라간 적이 있다. 한 유명 가수가 라디오 방송에 나와서 "소원이 뭐냐?"는 진행자의 질문에 "이지성 작가를 만나는 것이다"라고 대답한 적도 있다. 이외에도 많은 일화가 있다. 내 자랑을 하고자 이런 이야기를 하는 것은 아니다. 사실 난 이런 이야기를 한 적이 거의 없다. 연예인과의 친분을 과시하는 것은, 작가에게 별로 어울리지 않다고 생각해서였다. 내가 연예인 이야기를 꺼낸 것은, 그들과 친분을 맺으면서 알게 된 한 가지 사실을 나누고 싶어서다.

난 유명 연예인들은, 아니 유명하지 않더라도 남자 연예인들은 모두 절세미녀와 사귀는 줄 알았다. 물론 그런 사람들도 있었다. 하지만 모두가 그런 것은 아니었다. 적지 않은 연예인들이 평범한 외모의 여자들과 사귀고 있었다. 심지어 어떤 이들은 평범한 여자친구의 노예처럼 살고 있었다.

난 궁금했다. 도대체 연예인과 사귀는 여자들은 어떤 마인드를 가지고 있을까 하는 궁금증이었다고나 할까. 난 궁금한 건 잘 못 참는 성격이다. 그래서 인터뷰를 한 결과 놀라운 사실을 알게 되었다. 연예인을 남자친구로 두고 있는 여자들은 모두 '나는 언젠가 연예인과 사귄다'는 확신을 갖고 있었던 것. 방송에 나오는 여자 연예인 뺨치는 외모를 가진 여자든, 거리에 나서면 얼마든지 볼 수 있는 흔한 외모를 가진 여자든 똑같았다.

그런데 안타까운 이야기를 하자면, 적지 않은 여자들이 연예인 남자친구 때문에 힘들어하고 있었다. 대표적으로 A는 상습적으로 바람을 피우는 것을 넘어서 텐프로 유흥주점에서 아예 살다시피 하는 유명 연예인 남자친구 때문에 힘들어하고 있었는데 그녀는 나와의 대화 중에 자기도 모르게 이런 말을 했다.

"휴, 제가 이 남자를 처음 만날 때부터 예감했었어요. 지금처럼 참 많이 가슴 아파하면서 살게 될 거라고요. 그래요. 이 남자를 처음 만난 그날부터 제 마음속엔 지금 같은 슬픈 만남을 이어가고 있는 제 모습이 그려지고 또 그려졌거든요. 어느 날 작가님의 책을 읽고 제가 이렇게 살고 있는 건 어쩌면 제가 마음속으로 이런 미래를 그렸기 때문은 아닐까 하는 생각을 했어요. 앞으로는 마음속으로 새로운 그림을 그리려고요. 이젠 이 남자의 그늘에서 벗어나서 당당하게 내 인생을 살고 싶어요. 나만을 진실로 사랑해주는 남자를 만나고 싶어요. 그래서 열심히 VD를 하고 있어요. 언젠가 제 VD가 강력해지면 그땐 이 남자를 미련 없이 떠날 수 있으리라 믿어요."

나는 A와의 대화 중에 소름이 돋는 것을 느꼈고, '클레오파트라'의 관점으로 다시 그녀들과 인터뷰를 해보았다. 그리고 남자친구 때문에 힘들어하고 있는 대부분의 여자들이 A와 비슷한 마음 상태라는 것을 알게 되었다.

반면 남자친구에게 강력한 지배력을 행사하고 있는 여자들의 마음 상태는 A와 정반대라는 사실을 알게 되었다. 대표적으로 L은 남자친구를 마치 노예처럼 관리하고 있었는데, 이렇게 말했다.

"잘생기고 멋진 남자들이 의외로 강한 여자한테 약해요. 뭐 반반한 얼굴 덕에 평생 예쁨만 받고 살아왔는데 얼마나 심약하겠어요. 그들은 본능적으로 알고 있어요. 자신이 약하다는 걸. 그래서 본능적으로 강한 여자를 찾아요. 그런데 연예인은 말이죠. 잘생기고 멋진 남자들이 갖고 있는 약함에 더해, 우울증에 대인기피증에 공황장애까지 있거든요. 무대 위에서나 완벽하지 현실에선 중 2하고 다를 바 없어요. 이런 남자들은 한없이 무너져 내리는 자신을 강력하게 붙들어줄 여자가 필요하죠. 그게 저 같은 여자예요. 그래서 애기가 엄마한테 껌 딱지처럼 붙어 있듯이 제 남자친구가 저에게 붙어 있는 거예요. 물론 저라고 불안하지 않을 때가 없는 것은 아니에요. 사실 늘 불안하죠. 하지만 그럴수록 마음을 강하게 먹어요. 그를 강력하게 지배하면서 바른 사랑의 길로 인도하는 내 모습을 온 힘을 다해 그리고 또 그리죠. 그러다 보면 제 온몸에서 엄청난 에너지가 뿜어져 나와요. 그리고 실제로 그를 지배하게 되죠. 이게 제 비결이라면 비결이라고 할 수 있겠네요."

목숨을 걸고 말한다는 것

전해오는 이야기들에 따르면 클레오파트라를 만난 남자들은 충격을 두 번 받았다고 한다. 처음엔 여왕의 외모를 보고 충격을 받았다고 한다. 뭐랄까, 자신은 완벽한 외모의 여왕을 상상했는데, 실제로 만나보니 여왕의 외모가 자신의 집에서 허드렛일을 하는 하녀들보다 못한 것이다.

두 번째 충격은 클레오파트라와 대화를 하면서 시작되었다고 한다. 대화를 나눌수록 클레오파트라라는 인간에게 매료되는 것이다. 대화가 끝날 무렵엔 여왕에게 사랑의 감정을 느끼고 자신도 모르게 충성을 맹세하게 되는 것이다. 도대체 클레오파트라와 나눈 대화에는 무엇이 있었기에 남자들이 그토록 기쁘게 무릎을 꿇었던 걸까? 앞에서도 말했지만, 그녀의 대화에는 인문학적 지혜가 있었다.

인문학이란 인간을 연구하는 학문으로 보통 철학, 역사, 문학을 일컫는다. 철학을 하면 인간의 생각을, 역사를 하면 인간의 삶을, 문학을 하면 인간의 마음을 알 수 있다. 한마디로 인간에 대해 도통하게 되는 것이다. 이를 남자의 심리를 읽는 데 활용하면 어떻게 될까? 마치 엄마가 어린 아들을 다루듯이 남자를 다룰 수 있게 된다.

클레오파트라는 어릴 적부터 인문학에 둘러싸여 살았다. 그리고 온전히 자기 것으로 만들었다. 스무 살이 되었을 무렵에는 인문학에 정통한 여자가 되어 있었다. 이는 라틴 인문학의 최고봉 중 한 명인 카이사르가 그녀의 인문학적 지식과 지혜에 감탄했던 사실만 보아도 잘 알 수 있다.

카이사르, 그는 누구인가. 지난 2천 년 넘는 세월 동안 서양에서 최고의 고전 중 하나로 평가받는, 라틴 산문의 교과서로 일컬어지는 《갈리아 전쟁기》 등을 저술한 최고의 인문학자 아니던가. 한편으로 그는 이집트 알렉산드리아에 머물 때 인문학자들을 찾아다니면서 대화하고 토론하는 데 열정을 쏟았을 정도로 인문학을 사랑했던 사람이다.

카이사르 이후 로마 최고의 남자 안토니우스도 인문학을 깊이 사랑한 사람이었다. 그는 심지어 전쟁을 하러 가는 와중에도 인문학의 본산 그리스의 아테네에 들러 인문학 행사에 참여했을 정도였다.

카이사르와 안토니우스가 로마 시민들의 마음을 사로잡으며 단숨에 로마의 스타, 아니 서양 세계 최고의 스타로 떠오를 수 있었던 비결이 바로 여기에 있다. 이들은 오랜 인문학 공부를 통해 인문학에 정통하게 되었고, 인간 심리의 달인이 되었다. 그런데 이 두 남자가 이집트에서 자신보다 더 인간 심리에 정통한 여자를 만나게 되었다. 결과는 우리가 아는 바대로다. 두 남자는 클레오파트라와 대화를 시작하자마자 영혼마저 빼앗기게 되었다.

앞에서도 말했지만, 안타깝게도 클레오파트라가 카이사르와 나눈 대화는 기록이 존재하지 않는다. 다행스럽게도, 안토니우스와 나눈 대화는 다음 기록이 있다.

안토니우스가 클레오파트라의 매력에 푹 빠진 나머지 국가 중대사도 돌보지 않고 클레오파트라와 놀러 다니던 시절의 일이다. 그날도 안토니우스는 클레오파트라와 함께

나일 강으로 나가 뱃놀이와 낚시를 즐겼다.

안토니우스가 한창 낚시에 열중하고 있을 때 클레오파트라가 몰래 하인을 불렀다. 소금에 절인 생선을 주면서 안토니우스의 낚시 바늘에 끼우게 했다. 하인이 몰래 잠수해서 그렇게 하자 안토니우스가 "월척이다!" 하면서 낚싯대를 들어올렸다. 그런데 눈앞에 죽은 생선이 나타났다. 안토니우스가 어안이 막혀 있자 그녀가 웃으면서 이렇게 말했다.

"장군이시여, 죽은 물고기를 낚다니! 강 낚시를 그만두셔야겠어요. 이젠 나라들과 대륙을 낚으셔야지요."

클레오파트라의 말을 들은 안토니우스는 정신을 차리고, 로마의 위대한 장군으로 되돌아갔다. 그리고 나라들과 대륙을 낚기 시작했다.

남자들은 기본적으로 야망을 가진 존재들이다. 특히 뛰어난 남자일수록 불타는 야망을 가지고 있다. 하지만 현실은 만만치 않다. 하여 많은 남자들이 야망을 버리고 현실에 맞춰 산다. 강한 남자들도 마찬가지다. 야망을 추구한다는 것은 삶의 모든 즐거움을 포기하고 야망 하나만을 위해서 살아간다는 뜻이기에 쉽사리 그 길로 가지 않는다.

카이사르나 안토니우스 같은 위대한 남자들도 야망의 길

을 걷다가 쉬이 지치고 힘들어하곤 했다. 그래서 카이사르는 모든 일정을 미루고 클레오파트라와 몇 달 가까이 여행했고, 안토니우스는 아예 모든 일정을 취소하고 클레오파트라의 치마폭에 파묻혀 살았다. 본래 이 두 사람은 마치 기계처럼 일만 하던 사람들이었다. 휴식이라든가 휴가는 물론이고 사랑 같은 것은 믿지도 않았고 하지도 않는 사람들이었다. 그런 사람들이 왜 클레오파트라 앞에서는 맥없이 무너졌던 것일까?

살아오는 동안 어느 누구에게도 들키지 않은 내면의 어린아이를, 클레오파트라에게 들켰기 때문이다. 아니, 클레오파트라가 내면의 어린아이를 발견해 존중해주고 사랑해주었기 때문이다. 여자와 달리 남자는 평생 어린아이로 살아간다. 남자아이들의 꿈이 무엇인가. 위대한 장군이 되어 세계를 정복하는 것이다. 세계 최고의 위치에 서는 것이다. 소년의 꿈은 청년의 야망으로 발전한다. 하지만 앞에서도 말했듯이 대다수의 남자들은 현실에 순응해서 소년 시절의 꿈과 청년 시절의 야망을 포기하고 만다. 오직 극소수의 남자들만이 포기하지 않고, 꿈과 야망의 길을 간다. 그리고 이른바 성공한 사람이 된다. 사회의 리더가 되고 위대한 인물이 된다. 이는 역으로 말하면 성공한 남자들은 모두 어린 아이의 내면을 가진 사람들이라는 의미다. 즉 본질은 나무 칼을 들고 전쟁놀이하는 소년이다.

인문학의 달인이자 인간 심리의 달인인 클레오파트라는 이 사실을 잘 알았다. 그녀는 위대한 카이사르 뒤에 숨어 있는 소년 카이사르를 볼 줄 알았고, 위대한 안토니우스 뒤에 숨어 있는 소년 안토니우스를 볼 줄 알았다. 소년이 가장 좋아하는 것은 노는 것이다. 그리하여 클레오파트라는 두 소년과 신나게 놀았다. 다만 그뿐이었다.

이번에는 두 남자의 입장에서 생각해보자. 두 남자의 본질은 어린아이다. 그들은 자신이 이룬 성취를 마치 만화영화 〈짱구는 못 말려〉의 짱구처럼 사람들 앞에서 엉덩이를 흔들면서 자랑하고 싶은 마음으로 가득하다. 하지만 세상은 용납하지 않는다. 세상은 두 사람이 모든 면에서 완벽하고, 모범이 되는 존재이기를 원한다.

이를 깨달은 두 사람 속의 어린아이는 깜짝 놀라 내면 깊숙한 곳으로 숨어든다. 그리고 영웅의 가면을 뒤집어쓴다. 카이사르와 안토니우스는 그렇게 오랜 세월을 살았다. 매일 매 순간 '위대한 장군'을 연기하면서 말이다. 가족 앞에서도 가면을 벗을 수 없었다. 고대 로마는 그런 사회였다.

그렇게 피곤한 삶을 살던 두 사람이 어느 날 자신의 본모습을 한눈에 알아본 여자와 만나게 되었다. 그리고 그 여자에게서 목숨을 건 사랑을 받게 되었다. 진짜 사내는 자신을 진정으로 알아주는 사람을 위해 목숨을 건다는 말이 있다. 카이사르와 안토니우스가 그런 사내였다. 두 남자는 클레오파트라에게 목숨을 건 사랑으로 보답했다.

소년에게는 이중적인 면이 있다. 짱구처럼 끝없이 놀고 싶으면서도 한편으로 진짜 영웅이 되고 싶어 한다. 위대한 존재가 되고 싶어 한다. 자신이 쓴 가면이 자신의 진짜 얼굴이 되기를 열망한다. 그리하여 소년은 끝없이 떠나고 싶어 한다. 자신의 소망을 실현시킬 수 있는 세계로 말이다. 카이사르와 안토니우스에게 그 세계는 전쟁터였다.

클레오파트라의 곁을 떠나 전쟁터로 향하는 일은, 전쟁의 달인인 두 남자에게도 쉽지 않았다. 클레오파트라는여자는 천 번을 다시 태어나도 만나기 힘든 그런 존재라는사실을 본능적으로 알고 있었기 때문이다. 만일 이번 전쟁터에서 죽기라도 한다면 그녀를 다시는 볼 수 없게 될 것이라는 지극히 현실적인 깨달음은 두 남자로 하여금 끝없이 머뭇거리게 했다.

사랑하는 남자를 전쟁터로 보내는 일은 클레오파트라에게도 고통스러운 일이었지만, 그녀는 대담하게 행동했다. 그녀는 사랑하는 남자의 손에 검을 쥐어주고 전쟁터로 내보냈다. 소년으로 하여금 다시 한 번 영웅이 될 수 있는 기회를 마련해준 것이다.

목숨처럼 사랑하는 여자의 뜨거운 격려와 지지를 받으면서 자신이 또다시 위대해질 수 있는 세계로 향하는 남자의 마음을 생각해보라. 자신의 여자가 얼마나 대견할 것이며, 얼마나 든든할 것이며, 얼마나 고마울 것이며, 얼마나 사랑스러울 것인가. "역시 나를 알아주는 이는 이 사람밖에 없구나! 이 사람을 다시 만나기 위해서라도 나는 온 힘을 다해 싸우리라! 기필코 승리하리라!" 마음속으로 천 번 만 번 이렇게 되뇌면서 전쟁터로 향했을 것이다. 그리고 승리할 때마다 엄마 앞에서 재롱부리는 어린아이처럼 그녀에게 달려가서 자랑하고픈 마음이 가득 찼을 것이다.

그렇게 클레오파트라는 자신이 없는 곳에서 더 강력하게 사랑하는 남자를 지배했다. 그녀에게 있어서 카이사르를, 안토니우스를 전쟁터로 보낸다는 것은 언제든지 적들의 손에 죽을 준비가 되어 있다는 선언이기도 했다. 만일 패배한다면 카이사르를, 안토니우스를 무찌른 적은 승리의 기세를 몰아 이집트로 진군할 것이다. 그리고 클레오파트라를 사형대 위에 세울 것이다. 만에 하나 그런 일이 없다고 해도 이집트 내의 반대 세력이 들고 일어날 수 있다. 그리고 그녀를 폐위시킨 뒤 소리 소문 없이 죽일 것이다.

그러니까 클레오파트라가 안토니우스에게 했던 "장군이시여, 죽은 물고기를 낚다니! 강 낚시를 그만두셔야겠어요. 이젠 나라들과 대륙을 낚으셔야지요"는 단순히 남자의 잠든 야망을 일깨운 정도의 말이 아니었다. 이집트 여왕이 자신과 아들의 목숨, 그리고 국가의 통치권을 걸고 한 말이었다.

이것을 생각해보자. 만일 누군가가 당신에게 목숨을 걸고 조언한다면, 따르지 않을 자신이 있는가. 절대로 그럴 수 없다. 인간은 자신을 위해 목숨을 거는 사람의 말은 무조건 따를 수밖에 없는 존재이기 때문이다. 설령 그 '말'이 자신을 파멸로 이끈다고 해도 말이다. 그게 바로 목숨을 걸고 말하는 사람이 가진 힘이다.

인간 심리의 달인 클레오파트라는 이 사실을 잘 알았다. 그래서 그녀는 결정적인 순간마다 목숨을 걸고 말하고 행동했다. 그리고 사람들을 지배했다.

사실 클레오파트라는 매순간 목숨을 거는 삶을 살았다고 해도 과언이 아니다. 그녀가 살인에 미친 자들이 장악한 이집트 궁정에서 살아남을 수 있었던 것도, 불가능할 것만 같았던 이집트 여왕의 자리에 오를 수 있었던 것도, 혁명적인 경제 정책을 성공시킬 수 있었던 것도, 이집트를 단기간에 부강한 나라로 만들 수 있었던 것도, 어떤 여자도 길들일 수 없었던 카이사르와 안토니우스를 지배할 수 있었던 것도, 목숨을 걸었기 때문에 가능한 일이었다.

클레오파트라가 인문학을 통해 발견한 최고의 지혜, 그것은 누구를 만나든 무슨 일을 하든 자기의 목숨을 거는 것이었다.

당신은 목숨을 걸고 있는가?

지금 당신이 만나는 사람들에게, 지금 당신이 하는 일에.

그리고 앞으로 당신이 만나고자 하는 사람들에게, 앞으로 당신이 이루고자 하는 일에.

PART 3

듣고, 생각하고, 성찰하기

고대 그리스식 공부법

기원전 46년, 스물두 살 클레오파트라는 당시 서양 세계의 중심인 로마를 방문했다. 젊은 이집트 여왕의 방문 소식은 로마를 들끓게 했다. 모든 시민이 그녀를 먼발치에서라도 보고 싶어 했고, 그녀의 일거수일투족을 궁금해했다.

여왕을 잠시라도 만나고자 하는 바람은 상류층 사람일수록 심했다. 당시 로마 사교계에서는 클레오파트라를 한 번이라도 만나지 못한 사람은 진정한 상류층으로 여기지 않는 흐름이 있었기 때문이다. 그렇게 클레오파트라는 로마에 도착하자마자 스타가 되었고, 사교계의 꽃이 되었다.

젊은 이집트 여왕은 로마 지식인 사회도 뒤흔들었다. 어떻게 된 영문인지 이제 고작 스물두 살인 클레오파트라는 어떤 지식인과 어떤 주제를 가지고 토론해도 전혀 밀리지 않았다. 오히려 상대를 압도하는 경우가 대부분이었다. 여기에는 로마의 국부國父이자 로마 인문학의 창시자라 불리는 키케로도 끼어 있었다. 오늘날로 치면 한국의 스물두 살짜리 한 여성이 노벨상 수상자들로 가득한 미국 지식인 사회를 뒤흔든 격이라고 할 수 있겠다.

여기서 잠깐 우리나라 현실에서 스물두 살이라는 나이를 생각해보자. 취업 학원과 크게 다를 바 없는 대학에서 스펙 쌓기에 열중할 때다. 지식인 사회에 진입하기는커녕 노예보다 조금 나은 삶을 살기 위해 발버둥을 치는 때다.

어떻게 스물두 살 클레오파트라는 당시 인류 최고 수준의 지식인들이 포진하고 있었던 로마 지식인 사회에 신선한 충격을 던지는 지적 존재가 될 수 있었을까? 이유는 간단하다. 그녀는 그런 존재가 될 수밖에 없는 공부를 했다.

칼 비테(1748~1831)에 따르면 그의 아들 칼 비테 주니어(1800~1883)는 저능아로 태어났다. 하지만 평생 바보로 살거라는 주변의 우려와 달리 아홉 살에 6개 국어를 자유롭게 말하고, 열 살에 라이프치히대학교에 입학하고, 열세 살에 기젠대학교에서 철학 박사 학위를 따고, 열여섯 살에 하이델베르크대학교에서 법학 박사 학위를 땀과 동시에 베를린대학교 법대 교수가 되었다. 이후 그는 세상을 떠날 때까지 유럽을 대표하는 천재로 행복하게 살았다.* 어떻게 이런 일이 가능했을까? 칼 비테는 클레오파트라의 공부법**을 알고 있었고, 이를 아들에게 전수했다.

칼 비테는 아들에게 전수한 클레오파트라의 공부법을 책으로 남겼다. 그런데 이 공부법은 본래 왕가王家와 귀족 가문에서만 알던 것이었다. 그들은 피지배 계급이 이 특별한 공부법을 알게 되는 것을 두려워했다. 그리하여 그들은 이 책을 조용히 없애버렸다.

그렇게 칼 비테의 책은 세상에서 잊혔는데, 20세기에 하버드대학교 교수들에 의해 하버드대 도서관 서고에서 우연히 발견되어 다시 빛을 보게 되었다. 이 책은 세상에 나오자마자 하버드대학교 교수들과 미국의 지식인들을 열광의

----

* 《칼 비테의 자녀교육법》(김락준 옮김, 베이직북스, 2008) 서문에서 인용했다.
** 정확히 말하면 클레오파트라가 실천한 공부법이다. 이 공부법의 뿌리는 고대 그리스에 있다. 고대 그리스의 명문가에서는 이 공부법으로 자녀들을 가르쳤다.

도가니에 빠뜨렸다. 대표적으로 하버드대학교 교수였던 레오 위너 박사는 칼 비테의 책을 읽고 깊은 감명을 받은 나머지 기자 회견을 열어 앞으로 태어날 아이들을 모두 천재로 만들겠다고 선언했을 정도였다.

실제로 그는 자녀들에게 칼 비테식 공부법을 전수했는데 아들 노버트 위너는 열두 살에 태프트대학교에 입학해서 2년 만에 조기 졸업했고, 열네 살에는 하버드대학교 대학원에 입학했고, 열여덟 살에는 철학 박사 학위를 땄고, 이후 하버드대학교와 MIT 공대에서 교수로 활약했다. 또 인공두뇌학이라는 새로운 학문을 창시해서 진정한 천재의 반열에 올랐다. 참고로 그의 두 딸 버사와 콘스턴스도 각각 열두 살, 열네 살에 하버드대학교 부속 래드클리프여대에 입학, 천재의 길을 걸었다.

보리스 사이디스나 아돌프 벌 같은 지식인들도 칼 비테식 공부법을 자녀에게 전수해서 열한 살, 열두 살, 열세 살, 열다섯 살에 불과한 자녀들을 하버드대학교와 래드클리프여대 등에 입학시켰다. 특히 보리스 사이디스의 아들 윌리엄 제임스 사이디스는 고작 열두 살에 하버드대학교 수학 클럽에서 4차원 세계에 관한 논문을 발표, 백여 명의 교수들을 지적 충격에 빠뜨렸다.*

물론 모든 사람이 칼 비테식 공부법을 실천할 수는 없을 것이다. 그리고 칼 비테식 공부법을 실천한 모든 사람이 십 대 초반에 명문대에 입학하고 십 대 후반에 박사 학위를 따기는 어려울 것이다.** 내가 말하고 싶은 요점은 이것이다. "어렸을 때부터 칼 비테식 공부법을 제대로 실천한 사람이 이십 대 초반에 당대 최고의 지식인 사회를 뒤흔드는 존재가 되는 것은 충분히 가능한 이야기다."

클레오파트라는 오늘날로 치면 유치원 때부터 칼 비테식 공부법의 원류인 고대 그리스식 공부법, 즉 고대 그리스 명문가에서 자녀들을 천재적인 리더로 키우기 위해 만든 '인문학 교육법'으로 두뇌를 치열하게 단련한 사람이다.

스물두 살 클레오파트라는 이 공부법을 이미 16년 넘게 실천해온 상태였다. 우리나라로 치면 초등학교 때부터 대학교 때까지 천재적인 지식인을 만드는 교육을 받은 것이다. 이런 그녀가 로마의 지식인 사회를 뒤흔들었던 것은 어

---

* 《리딩으로 리드하라》(이지성, 차이정원, 2016)에서 인용했다.

** 물론 나는 칼 비테식 공부법을 '제대로' 실천하면 충분히 가능하다고 생각한다.

쩌면 당연한 일이었다.

천재를 만드는 고대 그리스식 공부법은 소크라테스, 플라톤, 아리스토텔레스, 아우구스티누스, 데카르트, 칸트, 공자, 맹자, 노자, 장자, 한비자, 손자 같은 인류 최고의 천재들이 직접 집필한, 또는 그의 제자들이 집필한 철학, 역사, 문학 고전을 치열하게 읽고 사색하고 토론하고 깨닫고 실천하는 과정을 통해 머리와 가슴을 단련하는 공부법을 의미한다.*

이것을 한번 생각해보자. 만일 당신이 노벨상 수상자들에게 매일 두 시간 이상 지도를 받는다면 10년 뒤 당신은 어떤 존재가 되어 있을까? 아마도 지식인으로 성장해 있을 가능성이 크다. 그렇다면 노벨상 수상자들이 감히 발끝에도 미치지 못할 머리와 가슴을 가지고 있었던, 모든 노벨상 수상자들이 자신들의 마음속 스승으로 삼고 있는 인류

----

* 클레오파트라의 두뇌를 만든 고대 그리스식 공부법과 철학, 역사, 문학 고전 목록 등은 《여자라면 힐러리처럼》《리딩으로 리드하라》《생각하는 인문학》 등에서 자세히 밝힌 바 있다. 이 세 권의 책은 지난 10년 동안 대략 120만여 명의 독자들에게 읽혔다. 《리딩으로 리드하라》의 경우 언론에서 우리나라에 인문학 열풍을 불러일으킨 책이라는 평가를 받기도 했다. 이제 고대 그리스식 공부법, 즉 인문고전 독서는 일종의 상식이 되었다. 아마 이 책을 읽고 있는 사람들은 대부분 이 공부법의 내용을 잘 알고 있을 것이다. 한편으로 이 공부법을 처음 들어본 사람들도 있을 것이다. 그 사람들을 위해 잠깐 이 공부법에 대해서 이야기하고 가겠다.

최고의 철학자들과 역사학자들과 작가들의 지도를 매일 두 시간 이상 받는다면 어떻게 될까? 아마도 당신은 10년 뒤에 우리나라를 대표하는 지식인 중 한 명이 되어 있을 것이다.[*] 이게 바로 고대 그리스식 공부법의 힘이다.

레오나르도 다 빈치, 미켈란젤로, 괴테, 바흐, 헨델, 모차르트, 쇼팽, 멘델스존, 밀레, 세잔, 로댕, 고흐, 피카소, 뉴턴, 아인슈타인, 마담 퀴리, 괴델, 하이젠베르크, 제퍼슨, 링컨, 케네디……. 이런 천재들의 공통점은 클레오파트라처럼 어린 시절부터 고대 그리스식 공부법으로 자신의 두뇌와 심장을 단련했다는 것이다.[**]

한마디로 그리스식 공부법은 서양 최고의 천재들을 만든 공부법이다. 이 공부법은 지금 이 순간에도 서양의 명문 사립 중·고등학교나 서양의 최상류층 가문, 아이비리그 등에서 행해지고 있다.

클레오파트라가 두뇌와 심장을 단련하기 위해 공부한 인문고전은 대략 다음과 같다.

----

[*] 《리딩으로 리드하라》(이지성, 차이정원, 2016)에서 인용했다.
[**] 《리딩으로 리드하라》(이지성, 차이정원, 2016)에서 인용했다.

- 탈레스, 아낙시만드로스, 아낙시메네스, 피타고라스, 크세노파네스, 헤라클레이토스, 파르메니데스, 제논, 멜리소스, 엠페도클레스, 필롤라오스, 아낙사고라스, 레우키포스, 데모크리토스 같은 소크라테스 이전 철학자들의 저작[*]
- 플라톤의 대화편들[**]

  초기 대화편: 《소크라테스의 변명》《크리톤》《라케스》《리시스》《카르미데스》《에우티프론》《소小히피아스》《대大히피아스》《프로타고라스》《고르기아스》《이온》

  중기 대화편: 《메논》《파이돈》《국가》《향연》《파이드로스》《에우티테모스》《메넥세노스》《크라틸로스》

  후기 대화편: 《파르미데스》《테아이테토스》《소피스테스》《정치가》《티마이오스》《크리티아스》《필레보스》《법률》

- 크세노폰의 《소크라테스 회상》《헬레니카》《아나바

---

[*] 여기에 대해서는 《소크라테스 이전 철학자들의 단편 선집》(김인곤 외, 아카넷, 2005) 등을 참고하라.
[**] W.K.C. 거스리가 《그리스 철학의 역사》에서 〈캠브리지 고대사 6〉에 실린 컨퍼드의 글을 참고하여 나눈 것이다.

시스》《키루스의 교육》등

- 아리스토텔레스의 《정치학》《시학》《니코마코스 윤리학》《범주론·명제론》《형이상학》《수사학》《소피스트적 논박》《영혼에 관하여》등
- 호메로스의 《일리아스》《오디세이아》
- 헤시오도스의 《신통기》《일들과 날들》
- 사포의 《아프로디테 찬가》등
- 아이소포스의 《아이소포스 우화》
- 소포클레스의 《오이디푸스 왕》《콜로노스의 오이디푸스》《안티고네》《아이아스》《트라키스 여인들》등
- 에우리피데스의 《트로이의 여인들》《메데이아》《히폴리토스》《알케스티스》《헤라클레스의 자녀들》《엘렉트라》등
- 아이스킬로스의 '오레스테이아 3부작'. 《아가멤논》《제주祭酒를 바치는 여인들》《에우메니데스》《결박당한 프로메테우스》등
- 아리스토파네스의 《구름》《기사》《새》《아카르나이의 사람들》《개구리》《여인들의 민회》《부의 신》《테스모포리아 축제의 여인들》등

- 메난드로스의 《심술쟁이》《중재 판정》《사모스의 여인》《삭발당한 여인》 등[*]
- 헤로도토스의 《역사》
- 투키디데스의 《펠로폰네소스 전쟁사》
- 데모스테네스의 《필리포스 탄핵》 등

클레오파트라가 철학, 역사, 문학만 공부한 것은 아니다. 그녀는 외국어, 수사학, 정치학, 외교학, 군사학, 법학, 수학, 과학, 의학, 음악, 미술, 체육 등도 함께 공부했다.

클레오파트라는 이 모든 공부를 혼자 하지 않았다. 당시 지중해 세계 최고의 학자들과 함께했다. 오늘날로 치면 하버드대 철학과 교수와 철학을, 예일대 역사학과 교수와 역사를, 스탠퍼드대 물리학과 교수와 물리학을 공부한 셈이다. 그것도 단순히 앉아서 강의를 들은 것이 아니라 일대일 대화와 토론을 통해서 지식과 지혜를 쌓아나갔다.

대화와 토론은 고대 그리스식 공부법의 핵심 중 하나다. 고대 그리스 지식인들은 대화와 토론을 할 줄 모르는 사람

----

[*] 천병희 선생이 번역한 《메난드로스 희곡》(숲, 2014)의 목차를 그대로 옮겼다.

은 제아무리 많은 것을 알고 있다 한들 지식인으로 생각하지 않았다. 일종의 기술자 정도로 생각했다.

어떤 사람들은 이렇게 말할지도 모르겠다. 한국의 평범한 여자가 어떻게 하버드나 예일 같은 대학의 교수들과 대화와 토론을 매일 할 수 있겠냐고. 어떻게 클레오파트라 같은 지식인이 될 수 있겠냐고.

물론 현실적으로 생각하면 불가능한 일이다. 하지만 조금만 생각을 바꾸면 클레오파트라의 공부법을 얼마든지 실천할 수 있다. 지금 인터넷에서는 하버드나 예일 같은 아이비리그 강의를 어렵지 않게 접할 수 있다. 노벨상 수상자 같은 세계 최고 수준의 석학들 강의도 마찬가지다. 그리고 그들을 직접 만날 수 있는 강연회 등이 한국에서도 수시로 열리고 있다. 여기에 대한 정보는 출판사와 강연 전문 기업 등의 홈페이지에서 쉽게 접할 수 있다. 이런 강연회에 참석하면 된다. 그들의 강의를 듣고, 질의 및 응답 시간에 나의 의견을 밝히고, 질문하고, 답을 얻으면 된다. 이 과정 자체가 일종의 대화요, 토론이다.

S는 우리나라에서 열리는 해외 석학들 강연회에 고작 서

너 번 참석했을 뿐인데 자신이 지적으로 부쩍 성장했음을 느꼈다. 어느 날 그녀는 문득 이런 생각을 했다.

'만일 내가 해외 석학들과 일대일로 대화와 토론을 할 수 있다면, 단 10분이라도 그럴 수가 있다면, 나는 얼마나 크게 성장할까?'

방법을 고민하던 그녀는 강연회 서포터스가 되면 귀빈실이나 강사대기실에서 대기하고 있는 해외 석학과 잠시나마 함께하는 기회를 잡을 수 있다는 사실을 알게 되었다. 그녀는 열성적으로 서포터스 활동을 했고, 해외 석학들과 일대일로 대화하는 기회를 적잖이 갖게 되었다. 물론 잘해야 5분에서 10분 정도였지만, 그들과의 짧은 대화와 토론을 통해 그녀가 얻은 영감은 평범한 사람이 몇 년을 추구한다고 해도 얻기 힘들 정도로 귀한 것이었다.

해외 석학은 현재 인류가 도달한 지식과 지혜의 정점에 서 있는 존재다. 그들과 잠시나마 지적인 대화를 나눈다는 것은 우리 시대 최고 수준의 지식과 지혜에 잠시나마 접속한다는 것과 같은 의미다. 한번 생각해보라. S가 이 특별한 경험들을 통해 얼마나 크게 성장했을지를.

본래 평범한 유치원 교사였던 S는 지금 뉴욕에서 아티스트의 길을 걷고 있는데, 한국을 떠나기 전 나에게 이런 말을 들려주었다.

"작가님 책을 읽고 철학과 예술을 만났고, 나 자신과 내가 진정으로 살고 싶은 삶에 관해 많은 생각을 했습니다. 그리고 답을 얻었습니다. 그런데 두려웠습니다. 내면의 소리를 따라가는 삶은 한 번도 살아본 적이 없었으니까요. 그런 저에게 해외 유명 석학들은 '두려워하지 말고, 가슴의 목소리를 따라가라'고 했습니다. 저는 스마트폰에 녹음한 세계적인 지식인들이 한국의 한 이십 대 젊은 여자에게 선뜻 전해준 삶의 지혜를 귀가 닳도록 듣고 또 들었습니다. 그러다 보니 자연스럽게 용기와 확신이 생기더군요. 서울 대신 뉴욕에서 살아갈 용기와 유치원 교사가 아닌 아티스트가 나의 길이라는 확신 말이에요. 제가 뉴욕에서 아티스트로 자리를 잡을 수 있을지 없을지는 아무도 모르겠지요. 전 경제적 여유가 없으니, 어쩌면 아주 오랫동안 뉴욕에서 고달프게 살아가겠지요. 하지만 전 진심으로 행복할 것 같아요. 전 그거면 충분하다고 생각해요. 제가 배운 최고의 지혜는 '온 힘을 다해 행복한 삶을 사는 것'이었으니까요."

다시 클레오파트라의 이야기로 돌아가자. 여러 기록에 따르면 그녀는 어린 시절부터 휴일도 없이 공부했다고 한다. 누가 강요해서 그런 게 아니라 스스로 원해서 그렇게 했다고 한다. 물론 그녀가 했던 공부는, 시키는 일만 잘하는 바보를 만드는 것이 목표인 프러시아 교육에 뿌리를 둔 한국의 주입식 공부가 아니었다. 그녀는 오늘날의 아이비리그 대학 교육의 뿌리가 된 고대 그리스식 공부를 했다.

참고로 덧붙이면 그녀가 살았던 궁전에는 당시 서양 세계에서 가장 많은 책을 소장한 알렉산드리아 도서관이 있었다. 오늘날로 치면 그녀는 집에 미국과 유럽의 모든 도서관을 합한 것보다 많은 책을 두고 있었다. 한마디로 그녀는 십 대 시절 내내 책의 우주에서 살았다. 그리고 이십 대에 별이 되어 나타났다.

생각해보면 지혜롭고 강한 여자들은 모두 클레오파트라처럼 살았다. 철학, 역사, 문학, 음악, 미술, 그리고 독서와 대화와 토론으로 가득한 십 대와 이십 대를 보냈다. 멀게는 미국을 뒤흔든 재클린 케네디와 힐러리 클린턴이 대표적이고, 가깝게는 아시아 여성 최초로 하버드대 종신 교수가 된 석지영이 대표적이다.

지금 당신의 삶은 무엇으로 채워져 있는가?

인류의 역사를 새롭게 쓴 위대한 천재들이 집필한 철학, 역사, 문학 고전 독서와 국내 석학들 또는 해외 석학들과의 대화와 토론으로 채워져 있는가. 아니면 텔레비전, 스마트폰, 무의미한 수다, 술, 남자, 스펙 등으로 채워져 있는가. 부디 당신의 이십 대가 인문고전, 예술, 지식인과의 대화와 토론으로 가득 차 있기를 빈다. 그런 여자만이 초·중·고는 물론이고 대학까지 무려 16년 동안 받아온 바보 교육의 틀을 벗고 한 명의 자유롭고 독립된 존재로 세상 앞에 당당히 설 수 있기 때문이다.

지금 당신의 방에는 몇 권의 책이 있는가?

우리나라에서 가장 많은 책은 아니더라도 최소한 천 권 이상의 책이 있기를 바란다. 철학, 역사, 문학 고전은 최소 백 권 이상 있기를 바란다. 그 정도의 책을 가진 여자만이 두뇌를 제대로 단련할 수 있고, 언젠가 별이 되어 나타날 수 있기 때문이다.

지금 당신이 간절하게 실천해야 할 유일한 공부법, 그것은 클레오파트라를 최고의 지식과 지혜를 가진 존재로 성장하게 한 고대 그리스식 공부법, 즉 인문학 공부법이다.

당신의 진짜 공부를 응원한다.

잘 듣는 것이 중요한 이유

앞에서 이렇게 이야기했다.

첫째, 클레오파트라 공부법의 핵심은 세계적인 지식인들과 지속적으로 대화하고 토론하는 것이다.

둘째, 한국의 평범한 여자도 인터넷이나 국내 초청 강연회 등을 통해 세계적인 지식인들의 강의를 얼마든지 접할 수 있다.

셋째, 세계적인 지식인들의 강연회에 참석해서 강의를 듣고, 질문하고, 답을 얻어라. 이 과정 자체가 대화요, 토론이다.

여기서 주의해야 할 점이 있다. 세계적인 석학들의 강의를 '잘' 들어야 한다. '잘' 듣지 못하면, 질문을 '잘'할 수 없다. 잘못된 질문은 잘못된 답을 이끌어내기 쉽다. 이는 무엇을 의미하는가. 해외 석학들을 만나서 성장하기는커녕 퇴보할 수 있다는 의미다.

내 주변에도 그런 사람들이 적지 않게 있다. 주로 지적인 일에 종사하는 사람들인데, 어찌 된 영문인지 강연회나 토론회에 참석하면 할수록 바보가 되어간다. 그들 중에는 해외 석학들의 조언에 기초해서 국내 경제 정책이나 교육 정책 등을 만드는 사람들도 있다. 알다시피 그들의 정책은 도리어 우리나라의 경제와 교육을 망치고 있다.

왜 이런 일이 벌어지는가? '잘' 듣지 않았기 때문이다. 자기 멋대로 들었기 때문이다. 당신도 이런 우를 범하면 안 된다. 그런데 슬프게도 당신은 '잘' 들을 수 없다. 이미 초등학교에서 대학교까지 '잘못' 듣는 훈련을 받아왔기 때문이다. 그렇다. 학교 교사나 학원 강사의 이야기를 하나도 놓치지 않고 머릿속에 그대로 담기 위해 노력하는 것, 그것이야말로 가장 '잘못' 듣는 것이다.

누군가의 말을 듣는다는 것은 그것을 기초로 나 자신을

성장시키기 위함인데, 우리나라 교육의 '듣기'에는 '나'가 빠져 있다. 아니, 내 생각이라든가 내 의견 같은 것은 절대로 가지면 안 된다. 그럼 좋은 대학에 못 가니까.

하지만 이런 식의 '잘못' 듣기는 선진국에 가면 무용지물이 되고 만다. 대표적으로 아이비리그에 합격한 한국인의 50퍼센트 가까이가 수업에 따라가지 못해서 중퇴를 한다고 한다. 즉 '잘' 듣기에 실패해서 말이다.

당신도 한 번쯤 들어보지 않았는가. 하버드에 입학한 어떤 한국인 학생이 기말고사에서 교수가 수업 시간에 이야기한 내용을 토시 하나 안 틀리고 그대로 적어냈더니 교수가 크게 분노하면서 이렇게 말했다고 한다.

"학생, 수업 시간에 내가 이야기한 것들은 내 생각이라네. 자네의 생각이 아니라. 그런데 자네는 이번 시험에 내 생각을 죄다 훔쳤더군. 이건 F를 주고 말고의 문제가 아니라네. 이건 도덕의 문제라네. 나는 자네가 절도죄를 저질렀다고 생각하네."

세계적인 지식인들이 생각하는 '잘' 듣기란, 나 자신의 생각이 살아 있는 듣기다. 그런데 당신은 잘못된 교육을 너무 오랫동안 받은 결과, 이런 듣기에는 무능하다. 한마디로 당신에게는 '잘' 듣기 위한 연습이 필요하다.

나는 '코넬식 강의 정리법'과 '생각하는 인문학식 강의 듣기법'을 추천하고 싶다. 먼저 코넬식 강의 정리법에 대해서 알아보자.

코넬식 강의 정리법은 지금으로부터 약 60년 전에 코넬대학교 교육학 교수였던 월터 포크가 개발한 것이다. 알다시피 코넬대는 아이비리그에 속해 있다. 교수진은 당연히 세계 최고 수준의 지식인들로 구성되어 있다. 물론 학생들도 세계 최고 수준이다. 그런데 세계적인 지식인인 코넬대 교수들이 보기에 코넬대 학생들은 자신들의 강의조차도 '잘' 듣지 못하는 애송이에 불과했다.

'잘' 듣지 못하니 강의 내용을 '잘' 이해할 수 없고, 잘못된 질문을 할 수밖에 없다. 그리고 잘못된 답을 얻을 수밖에 없다. 그러니까 당시 코넬대 학생들은 세계적인 수준의 강의를 들으면 들을수록 바보가 되어가고 있었다.

이에 월터 포크 교수는 사태의 심각성을 느끼고, 학생들을 위한 강의를 '잘' 듣는 법을 연구하기 시작했다. 월터 포크 교수는 미국 최고의 지적 능력을 갖춘 학생들이 강의를

'잘' 듣지 못하는 원인이 그들의 강의 정리법에 있음을 발견했다. 한마디로 당시 코넬대 학생들은 지금 이 글을 읽고 있는 당신이 그동안 학교에서 해온 노트 정리법을 거의 그대로 따르고 있었다.

강의 내용을 노트에 정리한다는 것은, 두뇌에 지식 지도를 만든다는 뜻이다. 이는 곧 강의 내용을 노트에 '잘' 정리하면 두뇌에 지식 지도를 '잘' 만든다는 의미이고, 반대로 '잘못' 정리하면 두뇌에 지식 지도를 '잘못' 만든다는 의미다. 만일 두뇌에 잘못된 지도가 쌓이게 된다면 어떻게 될까? 눈에 총기를 잃고, 시키는 일도 제대로 못하는 바보 아닌 바보가 되고 만다.

많은 이십 대들이 학교와 학원에서 12~16년 이상 배우고도 당당하고 자주적인 지식인으로 성장하기는커녕 사회에 나오자마자 지적으로 몰락해버리고 마는 요인이 여기에 있다. 월터 포크 교수는 이 사실을 잘 알았던 것 같다. 그래서 그는 기존의 강의 정리법과는 차원이 다른 코넬식 강의 정리법을 개발, 세상에 선보였다. 참고로 월터 포크 교수의 강의 정리법은 공개되자마자 아이비리그에서 공부 좀 한다는 학생들의 표준 노트 정리법으로 자리 잡았다.

주제(Thema)	
성찰(Reflect)	기록(Record)
요약(Reduce)	

코넬식 강의 정리법은 노트를 네 영역으로 나누어서 쓴다. 주제(Thema) 칸에는 강의 주제, 강의를 들은 날짜, 강사의 이름 등 강의 관련 사항을 자유롭게 적는다.

기록(Record) 칸에는 강의 내용을 필기한다. 단 한국식 필기는 안 된다. 되도록 핵심 위주로 간략하게 적는다. 코넬식 노트는 기본적으로 코넬대 교수진, 즉 세계적인 지식인들의 강의를 정리하는 것을 목적으로 한다. 앞에서도 말했지만 세계적인 지식인들은 학생들이 강의 내용을 마치 복사기로 복사하듯이 머릿속에 완벽하게 담아두는 것을 좋아하지 않는다. 그들은 학생들이 자신의 강의를 기초로 새로운 생각을 하기를 원한다. 한국식으로 필기하다 보면 강의를 들으면서 '생각'할 겨를이 없다.

반면 코넬식으로 필기하면 강의를 들으면서도 '생각'할 여유가 있다. 기록(Record) 칸에는 강의 내용뿐만 아니라 강의를 들으면서 하게 된, '생각'들도 적는다. '생각'들 또한 뼈대 위주로 간략하게 적는다. 세계적인 지식인의 강의를 그저 듣는 것도 버거울 텐데 어떻게 '생각'까지 하면서 들을 수 있느냐는 반문이 있을 수 있다. 강의를 듣기 전에 강의와 관련된 참고 도서 등을 적절히 찾아 읽으면서 강의 주제를 사전에 어느 정도 이해하고 또 주제와 관련하여 나만의 생각을 하는 시간을 갖는다면 충분히 가능하다. 실제로 아이비리그 학생들은 이렇게 하고 있다.

요약(Reduce) 칸에는 기록(Record) 칸의 내용을 다시 한 번 요약해서 정리한다. 이 과정은 강의가 끝난 뒤에 한다.

성찰(Reflect) 칸에는 강의가 끝난 뒤 혼자만의 공간에서 한 나 자신의 '성찰'을 적는다. '성찰'은 인문학적인 용어로 지금 서 있는 곳에서 한 발짝 뒤로 물러나서 자기 자신을 찬찬히 되돌아본다는 의미다.

강의를 들었다는 것은 무언인가를 '배웠다'는 뜻이다. 그렇다면 나는 이 '배움'을 어떻게 할 것인가. 그냥 흘려버릴 것인가, 아니면 나 자신을 성장시키는 자양분으로 삼을 것인가. 만일 후자를 원한다면 반드시 '성찰'의 시간을 가져야 한다. 배움의 내용과 배움 중에 한 생각들과 배움이 끝난 뒤 하게 된 생각들을 곰곰이 되씹으면서, 나 자신에게 적용해보는 시간을 가져야 한다는 의미다.

어떻게 생각하고 성찰할까

코넬식 강의 정리법은 월터 포크 교수가 코넬대학교 학생들을 위해서 만들었다. 즉 코넬대 학생들은 월터 포크 교수에게 세계적인 지식인의 강의를 들으면서 '생각'하는 방법과 강의를 듣고 난 후 '성찰'하는 방법에 대해서 배울 수 있었다. 그래서 그들은 코넬식 노트를 통해 완벽에 가까운 강의 정리를 할 수 있었다.

하지만 우리나라에는 단지 노트만 전해졌을 뿐이다. 결국 우리나라는 코넬대 노트를 입시 학원 스타일로 쓰고 있다. 뭐랄까, 코넬식 노트를 쓰면 쓸수록 아이러니하게도 오히려 바보가 되어가고 있는 셈이다. 그렇다면 우리는 어떻게 '생각'하고 '성찰'할 수 있을까? 다음을 보자.

나는 어떻게 하면 인문학 강의를 제대로 들을 수 있느
냐는 질문을 받을 때마다 이렇게 대답한다.

1 되도록 앞자리에 앉을 것.
2 되도록 강사의 눈을 바라볼 것.
3 열심히 듣기만 하지 말 것.
4 되도록 필기하지 말 것.
5 강의를 녹음할 것.

여기까지 이야기하면 대부분의 사람들이 당황스러워
한다. 그러면서 이렇게 묻는다.
"1, 2, 5번은 잘 알겠는데, 3, 4번은 도무지 이해할 수
없습니다. 열심히 듣고, 많이 필기하는 것이야말로 강
의를 듣는 사람이 지켜야 할 황금률 아닌가요?"
그때마다 나는 이렇게 되묻는다.
"그럼 '생각'은 언제 하지요?"
인문학은 생각하기 위해서 하는 것이다. 그것도 인문

고전 저자나 인문고전 해설서를 집필한 저자의 생각이 아닌 내 생각을 하기 위해서 하는 것이다. 당연히 인문학 강의도 내 생각을 하기 위해서 듣는 것이다. 그런데 너무 많은 사람들이 인문고전이나 인문고전 해설서를 읽고서 자기를 잃어버린다. 그러니까 조금 과장하면, 저자가 한 생각의 노예가 되는 것이다. 인문학 강의도 마찬가지다. 뜨겁게 들으면서, 정성스럽게 적으면서 자기를 잃어버리고, 강사가 말하는 생각의 노예가 된다. (……)

인문학 강의를 들으면서 '생각'을 하려면, 무엇보다 먼저 강사의 지적 세계에 대해서 충분히 알아야 한다. 최소한 강사의 대표적인 저작들과 대표적인 인터뷰 기사들은 챙겨봐야 한다. 그리고 그 주요 내용들을 일주일 정도는 깊게 사색해야 한다. 그래야 강의 내용을 내 수준이 아닌 강사의 수준에서 이해할 수 있고, 그런 이해가 있은 뒤에야 비로소 강의를 들으면서 '생각'할 수 있는 경지에 도달할 수 있다.

참고로 여기서 내가 말하는 '생각'은 단순히 강의의 주제나 내용을 생각한다는 의미가 아니라 한 분야의 최고 전문가인 강사의 눈높이에서 그 분야를 생각한다는 뜻이다. 또한 강사의 눈높이나 그 눈높이 이상에서 나 자신과 가족과 일터와 사회를 생각한다는 의미다. 그러니까 강사의 내공을 내 것으로 만들려는 치열한 노력을 통해 나 자신을 향상시킨다는 것이다.

강의 당일에는 되도록 한 시간 일찍 강의실에 도착하는 것을 권하고 싶다. 아마도 강의실은 텅 비어 있을 것이다. 그 텅 빈 강의실은 오직 당신만의 공간이다. 힘찬 발걸음으로 연단에 올라가보라. 강사의 시각으로 강의실을 둘러보라. 강사가 무슨 내용으로 강의를 할지 진지하게 상상해보라. 청중들은 어떤 얼굴로 강의를 들을지 상상해보라. 마지막으로 나는 어떤 생각을 하면서 강의를 듣고 있을지 상상해보라. 이는 마치 전쟁을 치르는 장수가 적진을 시찰하는 것과 다를 바 없다.

사실 독서나 강의는 전쟁이다. 작가가 독자와, 강사가 청중과 벌이는 생각 전쟁이다. 만일 정신을 똑바로 차리지 않는다면, 준비를 단단히 하지 않는다면 당신의 두뇌는 작가나 강사에게 빨려 들어가고 말 것이다. 물

론 모든 작가와 강사가 이런 전쟁을 치를 수 있는 것은
아니다. 독자나 청중과 정신의 전쟁을 치르기도 전에
지레 겁을 먹고서, 또는 전쟁을 치를 능력이 없어서,
자멸해버리는 작가와 강사가 적지 않기 때문이다.

이렇게 전의를 다졌다면, 되도록 앞자리에 앉아라. 그
리고 되도록 강사와 눈을 자주 마주쳐라. 인간의 집중
력은 보통 20분을 넘기지 못한다. 아무리 좋은 강의라
도 20분 정도가 흐르면 나도 모르게 긴장이 풀리고 자
동적으로 딴 생각을 하기 마련이다. 그렇지만 앞자리
에 앉아서 강사와 눈을 마주치면 지속적으로 뇌를 긴
장시킬 수 있다.

필기는 되도록 하지 마라. 필기를 하다 보면 생각하기
가 힘들다. 필기할 시간에 생각하고 또 생각하라. 그
럼 필기는 전혀 하지 않아야 하는 걸까? 아니다. 필기
는 반드시 해야 한다. 나는 앞에서 강의를 녹음하라고
했다. 그 녹음본을 반복해서 들어라. 최소 열 번 이상
듣기를 권한다. 그러다 보면 강사의 수준에서 강의가
이해되는 순간이 온다. 필기는 바로 그때 한다. 즉 내
가 강의 내용을 완벽에 가깝게 이해했을 때 하는 것이

다. 그것도 단순히 강의 내용을 요약하고 정리하는 게 아니라 내 생각과 강사의 생각이 어우러진 그 무엇, 즉 나를 발전시키는 '성찰'*을 적는 것이다.

'성찰'은 실천으로 이어져야 한다. 만일 그렇지 않다면 그 특별한 노력에도 불구하고 당신은 전혀 '성찰'하지 않은 게 된다. 여기에 대해서 중국 宋의 최고 인문학자였던 정호·정이 형제, 즉 정자程子가 남긴 유명한 말이 있다.

"만일 당신이 《논어》를 읽고서 변화하지 않았다면, 당신은 《논어》를 읽은 것이 아니다."

앞에서 인문학은 생각하기 위해서 하는 것이라고 했다. 그렇다면 그 생각은 무엇을 위해서 하는 것일까. 당연히 실천을 위해서이다. 실천이 없는 인문학 독서, 실천이 없는 인문학 강의 듣기는 이미 그 자체로 죽은 것이다.

－《생각하는 인문학》 중에서

---

* 원문에는 '생각'으로 나온다. 여기서 말하는 '생각'은 코넬식 강의 정리법의 '성찰'과 같은 의미이기에, '성찰'로 바꿨다. 뒤에 나오는 발췌문의 '성찰'들도 마찬가지다.

기억의 궁전, 아르스 메모리아에

만일 당신이 한 번 읽은 책의 모든 내용을 완벽하게 기억할 수 있다면……. 그러니까 학교 교재들, 박사 학위에 필요한 논문들, 취직 또는 승진에 필요한 책들과 자료들, 회사 업무와 관련된 온갖 자료들, 도서관에 꽂혀 있는 모든 책들을 단지 한 번 읽는 것만으로 머릿속에 완벽하게 담을 수 있다면……. 영어, 불어, 스페인어, 중국어, 일본어, 그리스어 등 세계 각국의 언어를 단지 몇 달 배운 것만으로 현지인 뺨칠 정도의 회화 실력과 작문 실력을 갖출 수 있다면, 당신은 어떻게 될까?

아마도 우리 시대의 천재로 불리게 될 것이다. 방송국에서는 당신을 모시지 못해 안달할 것이고, 출판사들은 당신의 비법을 담은 책을 출간하고 싶어서 줄을 설 것이며, 사람들은 당신을 만나고 싶어서 난리가 날 것이다. 한마디로 당신은 스타가 될 것이다.

클레오파트라가 그랬다. 그녀는 한 번 읽은 책은 거의 완벽하게 기억했고, 한 번 배운 언어는 현지인 수준으로 구사했다. 그녀가 로마의 지식인 사회를 뒤흔들 수 있었던 또 다른 이유였다.

클레오파트라에게는 아르스 메모리아에ars memoriae*, 즉 '기억의 궁전'이라는 특별한 기억술이 있었다.

그녀는 아주 어릴 적에 아르스 메모리아에를 접한 것 같다. 그리고 기억의 궁전을 적게는 수백 채, 많게는 수천 채 정도 지은 것 같다. 그래야 설명이 가능하다. 그녀의 눈부신 지적 능력에 대해서.

클레오파트라, 그녀는 철학, 역사, 문학, 수학, 과학, 의학, 경제, 경영, 법학, 정치, 외교, 행정 등등 당시에 존재했던 거의 모든 학문의 최고 지식은 물론이고 최신 지식까지

----

* 라틴어다. 영어로는 'the art of memory'로 번역된다.

꿰뚫고 있었고, 수학, 화학, 의학 분야는 직접 책을 쓰기도 했다.* 또한 그리스어, 라틴어, 히브리어, 에티오피아어, 아랍어, 시리아어, 메디아어, 파르티아어 등 당시 서양 세계에서 접할 수 있었던 거의 모든 언어를 현지인 수준으로 구사할 수 있었다.

인류 최고의 기억술로 불리는 아르스 메모리아에, 즉 기억의 궁전은 고대 그리스의 시인 시모니데스에서 비롯됐다.**

지금으로부터 약 2천 5백 년 전의 일이다. 시모니데스는 한 대형 연회에 초청받아 시를 낭송하고 있었다. 그가 낭송을 마치고 자리에 앉자 하인이 급히 달려와서 밖에서 누가 뵙기를 청한다고 알렸다. 시모니데스는 양해를 구하고 자리에서 일어났다.

얼마 뒤, 믿기 힘든 일이 벌어졌다. 그가 연회장 밖으로 나가자마자 연회장 건물이 무너진 것이다. 이 사고로 건물

---

* 수학 분야는 '도량형', 의학 분야는 '산부인과', 화학 분야는 '연금술(당시에 연금술은 과학이었다)'이었다. 한편으로 클레오파트라는 화장술에 대한 책을 쓰기도 했다.
** 비록 시모니데스가 '아르스 메모리아에'를 창안한 것은 아니지만, 그로 인해 '기억의 궁전'이 세상에 알려졌기에 이렇게 표현했다.

안에 있었던 모든 사람이 사망했다. 얼마 뒤 소식을 듣고 달려온 가족들에 의해 시신 수습 작업이 진행됐다.

그런데 예기치 못한 문제가 발생했다. 시신들의 얼굴이 형체를 알아보기 힘들 정도로 망가져 있었다. 이래서는 누가 누구인지 알 수 없었다. 다들 비통한 얼굴로 망연자실하고 있는데, 시모니데스가 나섰다.

시모니데스는 사고 현장 앞에 서더니 두 눈을 지그시 감았다. 순간 그의 머릿속 공간에서 궁전 하나가 나타났다. 시모니데스는 서슴없이 궁전의 문을 열고 들어갔다. 그러자 놀라운 풍경이 벌어졌다. 사고가 일어나기 전의 연회장이 완벽한 모습으로 존재하고 있었다. 시모니데스는 기억의 궁전을 거닐면서 연회에 참석한 사람들의 얼굴과 특징, 그리고 그들이 앉았던 자리를 하나하나 확인했다. 잠시 후 시모니데스가 눈을 뜨더니 유족들을 향해 입을 열었다.

"아리펠리스, 왼쪽 기둥 바로 아래 자리, 주인장에게 선물 받은 황금 반지를 끼고 있음, 흰색 하의 입음. 크세만드로스, 중앙 계단 바로 밑에서 친구 에페클레스와 논쟁하고 있음, 왼쪽 팔에 친구에게 선물 받은 청동 뱀 장식을 두름……."*

고대 이집트와 고대 그리스의 지식인들 중에서도 특별한 소수에게만 비밀리에 전수되었던 인류 최고의 기억술, 아르스 메모리아에가 세상에 처음 공개된 순간이었다. 덕분에 유족들은 가족의 시신을 어렵지 않게 찾을 수 있었고, 이후 아르스 메모리아에는 고대 그리스 지식인들의 보편적인 기억술로 자리 잡게 되었다. 대표적으로 테미스토클레스 같은 정치가는 아르스 메모리아에를 통해 2만 명 넘는 아테네 시민들의 얼굴과 이름을 기억할 수 있었다.

이후 아르스 메모리아에는 서양의 지식인들이 필수적으로 배워야 하는 무엇이 되었는데, 앞에서 이야기한 '칼 비테식 공부법'처럼 어느 날 갑자기 세상에서 자취를 감추었다가 20세기 후반에 들어서 다시 세상에 알려졌다.

아르스 메모리아에, 즉 기억의 궁전을 만드는 방법은 의외로 간단하다.

---

* 시모니데스는 연회 참석자들이 앉았던 자리, 그들이 입은 옷과 신발 그리고 몸에 두른 장식품 등을 기억해내서 유족들이 사고로 잃은 가족을 찾는데 도움을 줬다고 전해진다. 여기에서는 이 기록을 바탕으로 가상으로 구성했다.

첫째, 기억을 저장할 장소, 즉 기억의 궁전을 만든다. 내가 살고 있는 집이라든가 다니고 있는 학교나 회사 건물 같은 나에게 익숙한 장소도 좋고 남대문이라든가 타지마할 같은 세계적인 장소도 좋다. 단 되도록 세세하게 만들어야 한다.

둘째, 저장하고 싶은 책이나 자료 등을 이미지로 변환한다. 토익 책을 저장하는 경우를 가정해보자. 동사는 동물로, 시제는 시계로, 명사는 물고기로……. 이렇게 큰 주제별로 이미지화한 다음 다시 작은 주제별로 이미지화 작업에 들어간다. 예를 들면 동사 중에 조동사는 강아지, 자동사는 토끼, 타동사는 낙타……. 이런 식으로 말이다.

셋째, 변환한 이미지를 기억의 궁전에 저장한다. 만일 우리 집이 기억의 궁전이라면 이런 식으로 저장한다. 우리 집 거실에는 'm, m, s, w, c'라고 새겨진 목걸이를 맨 강아지 다섯 마리가 뛰어놀고 있고(조동사 must, may, shall, will, can을 이미지화), 벽에 걸린 시계는 어쩌고저쩌고(시제를 이미지화)……. 하는 식으로 책 전체 내용을 저장한다.

넷째, 되도록 자주 기억의 궁전에 방문해서 그곳에 심어놓은 이미지들을 확인한다.

다섯째, 기억의 궁전을 한 번 거닌 것만으로도 이미지들을 완벽하게 불러낼 수 있게 되면 새로운 기억의 궁전을 만들고, 새로운 내용을 저장한다.

어쩌면 당신은 황당한 감정을 느꼈을 수도 있겠다. '고작 이런 걸 하는 것만으로도 천재적인 기억력을 가질 수 있다고?' 하면서 말이다. 솔직히 말하면 나도 처음엔 그렇게 생각했다. 하지만 기억의 궁전에 관한 여러 자료를 접하면서 내 생각이 잘못된 것이라는 결론을 내렸다.

우리는 뭔가 천재적인 기억력을 가지려면 보통 사람은 감히 상상도 못할 고도의 기억훈련을 받아야 한다는 생각을 무의식적으로 하고 있다. 하지만 그런 잘못된 생각 때문에 천재의 경지에 가까이 가지 못하고 있는 것은 아닐까? 천재들에 대해서 연구하면 할수록 깨닫는 바가 있다. 천재들은 매우 단순하고 쉬운 방법으로 자신의 천재성을 갈고 닦았다는 사실이다.

천재의 대명사로 불리는 레오나르도 다 빈치의 경우를 보자. 그는 라틴 고전을 원전으로 읽기 위해 라틴어를 독학했는데, 방법이 매우 간단했다. 초등학생을 위한 라틴어 교재를 구입해서, 달달 외우고 통째로 베껴 썼다. 공부의 기술이 뭔가 복잡하고 어려워진 건 19세기부터다. 그전에는 단순하고 쉬웠다. 특히 클레오파트라의 시대는 더 단순하고 쉬웠다. 그래서 고대에 천재가 가장 많았다.

그렇다면 왜 19세기부터 어려워진 걸까? 이때부터 공립학교 교육이 보급되기 시작했는데, 이 교육의 목적은 지혜롭고 자주적이고 당당한 인간을 기르는 게 아니라 어리석고 복종적이고 열등감이 가득한 인간을 기르는 것이었기 때문이다.

대표적으로 1910년 무렵 당시 미국 최고의 재벌이었던 존 D. 록펠러는 '일반교육위원회'라는 것을 설립, 미국의 공립학교 교육을 설계하게끔 했는데, 일반교육위원회가 설정한 교육 목표는 '정부와 기업이 시키는 일을 아무 생각 없이 해내는 사람을 길러내는 것'이었다. 비극적인 사실은 미국의 공립학교 교육이 우리나라 교육제도에 그대로 이식되었다는 사실이다.

이 책의 주제는 '교육'이 아니니 이쯤 하자. 내가 하고 싶은 말은 이것이다. 바보를 만드는 교육을 12~16년 이상 받은 우리가 보기에 천재들의 공부법은 얼마든지 이상하고 황당해 보일 수 있다. 하지만 그건 엄밀히 말하면 우리의 공부법이 이상하고 황당한 것이지, 천재들의 공부법이 이상하고 황당한 것은 아니다.

미국의 조슈아 포어는 이 사실을 잘 증명해준다. 그는 건망증이 있는 사람이었는데, 어느 날 기억의 궁전에 대해서 알게 되었다. 그도 처음엔 이 고대의 기억 저장법을 접하고 반신반의했다. 우리처럼 이상하고 황당하게 생각했다. 그러나 얼마 뒤 마치 운명처럼 기억의 궁전을 훈련하게 된다. 그리고 정확히 1년 뒤에 전미全美 기억력 챔피언십에 출전, 우승 트로피를 거머쥐게 된다.[*] 한마디로 그는 기억의 궁전을 실천한 지 고작 1년 만에 클레오파트라 같은 기억력 천재가 된 것이다.

당신도 머릿속에 '기억의 궁전'을 지어보라. 처음엔 한 채부터 시작해보라. 당신에게 가장 익숙한 장소, 그러니까 당신이 유년 시절을 보낸 집부터 시작해보라. 이어 《이솝 우화》나 《어린왕자》처럼 부피가 작은 책부터 저장해보라.

---

[*] 여기에 대한 이야기는 조슈아 포어가 쓴 《1년 만에 기억력 천재가 된 남자》(류현 옮김, 갤리온, 2016)라는 책에 자세히 나와 있으니 관심 있는 사람은 참고하기 바란다.

그렇게 기억의 궁전을 계속 만들어보라. 오래지 않아 당신은 '기억력 천재'로 불리게 될 것이다.

다음은 당신이 이제껏 받은 교육의 실체를 알려주는 책들과 기억의 궁전에 대해서 좀 더 자세히 알려주는 책들이다. 부디 필독하기를 바란다.

한국 교육의 진실을 밝히는 책

- 《바보 만들기》, 존 테일러 개토, 김기협 옮김, 민들레, 2005
- 《부자 교육 가난한 교육》, 황용길, 조선일보사, 2001
- 《희망의 인문학》, 얼 쇼리스, 고병헌·이병곤·임정아 옮김, 이매진, 2006
- 《토마스 제퍼슨의 위대한 교육》, 올리버 벤 드밀, 김성웅 옮김, 꿈을 이루는 사람들, 2010
- 《흔들리지 않는 고전 교육의 뿌리를 찾아서》, 랜달 D 하트, 황병규 옮김, 꿈을 이루는 사람들, 2007
- 《왜 학교는 불행한가》, 전성은, 메디치, 2011
- 《도쿄대생은 바보가 되었는가》, 다치바나 다카시, 이정환 옮김, 청어람미디어, 2002

- 《서울대에서는 누가 A＋를 받는가》, 이혜정, 다산에
  듀, 2014

'기억의 궁전'에 관한 책

- 《마테오리치, 기억의 궁전》, 조너선 D 스펜스, 주원
  준 옮김, 이산, 1999
- 《1년 만에 기억력 천재가 된 남자》, 조슈아 포어, 류
  현 옮김, 갤리온, 2016
- 《EBS 다큐프라임 기억력의 비밀》, EBS 〈기억력의 비
  밀〉 제작진, 북폴리오, 2011
- 《기억의 마술사》, 도레미, 좋은땅, 2012

PART 4

거대하고 아름다운
당신만의 판을 준비하라

강하고 지혜로운 여자의 태도
'엄마처럼 살지 않겠다'는 것의 의미
질문과 목적에 집중할 수 있는 힘
강하고 아름답고 현명해질 시간
아버지의 그늘에서 벗어나라
바보들이 만든 판은 바보들에게

강하고 지혜로운 여자의 태도

고대 서양의 중심은 그리스였다.* 그리스의 중심은 아테네였다. 아테네 사람들은 그리스 북부 변방에 위치한 마케도니아를 '야만인들의 나라'라고 불렀다. 어느 날 갓 스무 살이 된 한 젊은이가 마케도니아의 왕이 되었다. 얼마 뒤 그리스는 마케도니아의 젊은 왕, 알렉산더 앞에 무릎을 꿇게되었다.

알렉산더는 익히 알려진 정복전쟁을 끊임없이 치르다가

---

* 로마의 등장 이후 고대 서양의 중심은 그리스에서 로마로 이동했다. 그런데 로마는 그리스의 전통을 충실히 계승한 나라였다. 고대 서양 문명을 그리스·로마 문명이라 칭하는 이유다. 이렇게 놓고 보면 로마 이후에도 고대 서양의 진정한 중심은 그리스였다고 할 수 있다.

서른세 살에 열병에 걸려 사망했다. 기록에 따르면 위대한 철학자 아리스토텔레스의 수제자였던 알렉산더는 죽을 때에도 손에 호메로스의 《일리아스》를 들고 있었다고 한다.

알렉산더 사후 그의 제국은 부하 장수들에 의해 여러 개로 쪼개졌다. 이 중 프톨레마이오스가 차지한 나라가 이집트다. 프톨레마이오스는 이집트에 라지드 왕조를 세우고 스스로 파라오가 되었다. 프톨레마이오스가 세상을 떠나고 약 200년 뒤에 클레오파트라가 태어났다.*

외국인 왕조의 태생적인 불안감 때문이었을까. 라지드 왕조에는 잔혹한 문화가 있었다. 가족 살해라는. 보통의 경우 권력을 놓고 다투는 가족끼리 서로 죽였다. 그런데 어쩌다 한 번씩 말도 안 되는 이유로 가족을 살해하는 일이 있었다. 멍청해 보인다거나 못생겼다거나 뚱뚱하다는 그런 이유 말이다. 클레오파트라의 엄마가 바로 그렇게 살해당한 경우였다.**

----

* 프톨레마이오스 1세는 기원전 367년에 태어나 기원전 283년에 사망했다. 클레오파트라는 기원전 69년 또는 기원전 68년에 태어났다.

** 클레오파트라의 엄마는 클레오파트라를 낳고 얼마 되지 않아서 또는 클레오파트라가 열두 살이 되었을 무렵 사망한 것으로 보인다. 그녀는 익사했거나 암살당했을 거라고 추정되고 있다. 그녀의 익사 원인에 대해서는 실수로 물에 빠졌다는 주장과 누군가가 고의로 떠밀었다는 주장이 있다. 여기서는 클레오파트라가 열두 살일 무렵 살해당했다는 설을 취하기로 한다.

풀리처상을 수상한 미국 전기 작가 스테이시 시프에 따르면 클레오파트라의 엄마는 클레오파트라가 아주 어릴 때 라지드 왕조의 변방으로 밀려났고, 열두 살이 될 무렵 사망했다고 한다.[*]

이를 놓고 보면 클레오파트라의 엄마는 신분만 왕의 여자였지, 본질은 우리들의 엄마와 크게 다를 바가 없었던 것 같다. 만일 그녀가 강한 여자였다면 왕실에 들어간 지 얼마 안 돼서 라지드 왕조의 중심이 되었을 것이고, 누군가에 의해 살해당하기는커녕 자신에게 걸림돌이 되는 누군가들을 살해하느라 바빴을 테니까 말이다.

그러나 그녀는 딸밖에 몰랐고, 딸과 함께하는 행복 그 이상의 것을 바라지 않았던 것 같다. 마치 우리들의 엄마처럼 말이다. 그런데 그런 그녀의 소박한 소망이 권력 암투에 길들여진 누군가들에게는 꼴불견이었던 것 같다.

이런 가정을 한번 해보자. 당신은 열두 살이다. 아빠는 알코올 중독이다. 엄마는 분식집을 하고 있다. 그런데 벌이

----

[*] 《더 퀸 클레오파트라》, 스테이시 시프, 정경옥 옮김, 21세기북스, 2011

가 신통찮다. 손님은 기껏해야 하루에 열 명 내외다. 월세는 몇 달째 밀려 있다. 어느 날 건물주가 찾아온다. 그러고는 엄마에게 온갖 폭언을 하고 행패를 부린다.

당신은 우연히 그 장면을 목격하고 충격을 받는다. 다음 날 당신은 무엇을 하고 있을까? 세상의 악마들에게서 엄마를 보호하는 강한 여자가 되기 위해 스스로를 갈고 닦고 있을까? 아니면 나쁜 친구들과 어울려 다니면서 세상을 저주하고 있을까?

클레오파트라는 열두 살에 엄마가 궁중의 사이코패스들에게 마치 군홧발에 짓밟히는 나비처럼 살해당하는 것을 지켜봐야 했다. 그리고 이집트의 주인이 되기 전까지 그 사이코패스들과 함께 살아야 했다. 아마도 그녀는 엄마의 원수들을 모조리 칼로 찔러 죽이고 자신도 죽는 그런 상상을 하루에도 수십 수백 번씩 했을 것이다. 힘과 지혜가 없어서 엄마를 지키지 못한 스스로를 마음의 지옥 속으로 몰아넣었을 것이다.

그러나 그녀는 정신병에 걸리지도, 삶을 포기하지도 않았다. 오히려 무간지옥 속에서 이집트 역사상 가장 강하고 가장 지혜로운 존재가 되어 돌아왔다. 그녀는 어떻게 그럴 수 있었을까. 나는 단언한다. 엄마를 사랑했기 때문이라고.

만일 클레오파트라가 복수심에 사로잡힌 나머지 어설픈 복수극을 시도하다가 실패하고 형장의 이슬로 사라졌다면, 궁정의 사이코패스들을 두려워한 나머지 정신병에 걸리거나 엄마의 죽음 앞에 무력한 자신의 신세를 한탄하고 삶을 포기했다면, 만일 평생 원수들의 눈치나 보면서 자신의 안위만 추구하는 그런 삶을 살았다면, 이집트 역사상 가장 강력하고 지혜로운 최고 권력자가 되지 못했다면. 과연 누가 좋아했을까? 사이코패스들이었을까, 엄마의 영혼이었을까?

클레오파트라는 이 사실을 잘 알았다. 그렇기 때문에 그녀는 무간지옥 속에서도 자신을 지킬 수 있었다.

많은 엄마들이 자식을 위해 자신의 모든 것을 희생한다. 그리고 초라하게 늙어간다. 남은 것은 병든 몸과 가난뿐이다. 그런 엄마의 모습을 보고 많은 딸들이 충격을 받고 무너진다. 앞에서 이야기한 분식집의 열두 살짜리 아이처럼 스스로를 망가뜨리는 방법으로 저주스런 세상에 저항한다. 그렇지만 그것은 저항이 아니라 가장 굴욕적인 패배일 뿐이다.

클레오파트라의 정신을 가진 여자는 정반대로 행동한다. 늙고 병들고 가난한 엄마를 핍박하고 학대하는 세상의 악함에 상처받고 무너지는 대신, 엄마를 보호하기 위한 전략을 세우고 실천한다.

그 전략의 처음과 끝은 자신을 갈고 닦는 것이다. 그러니까 성공한 여자가 되는 것이다. 많은 사람들이 성공한 여자들을 향해 독하다는 표현을 쓴다. 어쩌면 그 표현은 맞을 수 있다. 한국이든 미국이든 유럽이든 여자가 성공하려면 남자보다 몇 배는 더 독하게 살아야 하기 때문이다.

그런데 나는 묻고 싶다. 세상에 독하게 살고 싶어 하는 사람은 아무도 없다. 그렇다면 그들은 왜 독하게 살았던 걸까? 사적인 친분이 생기기 전에 물어보면 참으로 여러 가지 대답이 나온다. 하지만 친해진 다음에 물어보면 답은 보통 둘 중 하나다. 자식들 때문에 처절하게 고생한 엄마를 위해서, 또는 나만 바라보는 자식들을 지켜줄 수 있는 강한 엄마가 되고 싶어서.

당신도 이제 선택해야 한다. 학점, 토익 점수, 결혼하지도 않을 남자친구, 평생 다니지도 않을 직장 등에 연연하는 평범한 이십 대의 길을 걸을 것인지, 아니면 그 모든 것 위에 존재하는 눈부신 성공의 세계로 질주하는 이십 대의 길을 걸을 것인지.

안부 인사를 주고받는 사이도 아닌 사실상 완벽한 타인인 연예인에게, 진정한 우정은 없고 대신 남아도는 시간을 어쩌지 못해 붙어 다니는 친구 아닌 친구들에게 돈과 시간과 정성을 쏟는 뇌가 텅 빈 이십 대를 보낼 것인지, 아니면 나의 나약하고 나태한 내면을 깨부수고 새로운 나로 만들어주는 책과 강의와 멘토에게 돈과 시간과 정성을 들이는 이십 대를 보낼 것인지.

아마도 당신은 여기까지 읽으며 새로운 미래를 꿈꾸는 자신을 발견하고 살짝 가슴이 뛰었는데도 여전히 반신반의하고 있을 것이다. 과연 내가 진짜로 새롭게 변화할 수 있을 것인가, 과연 내가 강한 여자로 재탄생할 수 있을 것인가 하고 말이다.

아니, 어쩌면 당신은 새로운 미래를 꿈꾸는 자신을 두려워하고 있을 수도 있다. 과연 나에게 그런 자격이 있나, 과연 내가 그런 미래를 감당할 수 있나 하는 생각에 말이다. 만일 그렇다면, 당신의 엄마를 생각하라.

오직 당신밖에 모르는, 착하디착한 엄마를 생각하라.

당신의 엄마가 지금 이 순간에도 육체적 고통과 경제적 빈곤과 외로움으로 가득한 노년의 세계로 빠르게 진입하고 있다는 사실을 생각하라.

도대체 누가 당신의 엄마를 보호할 것인가.

지금 사회의 정점에 서 있는 여자들은 이미 이십 대에 이 사실을 깨달았던 사람들이다. 그렇기에 그녀들은 주변의 철없는 사람들에게서 "독한 여자다"라는 소리를 들어가면서 치열하게 자신을 갈고 닦으며 미래를 준비했던 것이다. 그리고 성공한 여자라 불리는 지금은 조용히 늙어가고 있는 엄마의 든든한 울타리가 되어주고 있는 것이다.

당신도 그런 여자가 되라.

클레오파트라가 그랬던 것처럼 내면이 강하고 아름다운 여자가 되는 길을 걸어라. 다른 누가 아닌 사랑하는 엄마를 위해서.

'엄마처럼 살지 않겠다'는 것의 의미

오래전에 인터넷에서 생각 있는 여자들을 중심으로 다음 말이 널리 퍼진 적이 있다.

한 성공한 여자가 이런 말을 했다.
"열심히 돈을 모아서 '샤넬' 가방 하나를 사는 것보다 동대문에서 산 가방 하나를 들어도 언제나 '샤넬' 같은 그런 여자가 되어야 한다."

성공한 여자들은 세상을 바라보는 관점 자체가 다르다는 것을 알려주는 말이라 하겠다. 성공한 여자들은 '엄마'에 대한 관점도 전혀 다르다. 어떤 여자들은 믿기 어려울 것이다. 성공한 여자들은 엄마에 대한 원망이라든가 미움 같은 것이 아예 없다. 오직 존경, 사랑, 감사의 마음만 갖고 있다. 아니, 어쩌면 그녀들은 엄마에게 아름다운 마음만 갖고 있기에 성공한 여자가 될 수 있었을지도 모른다.

많은 소녀들이 날개가 부러진 새처럼 살아가는 엄마를 보면서 다짐한다.

"나는 절대로 엄마처럼 살지 않을 거야!"

그리고 성인이 되면 실제로 엄마처럼 살지 않는다. 자신을 마음껏 꾸미고, 술도 마음껏 마시고, 클럽도 마음껏 다니고, 남자도 마음껏 만나고, 여행도 마음껏 다니고, 문화생활도 마음껏 한다.*

하지만 그 생활은 길어야 몇 년이다. 그녀들은 어느 날 문득 엄마처럼 날개가 부러진 채로 살아가는 자신을 발견하고는 소스라치게 놀란다. 아니, 엄마와 달리 자신에겐 부러질 날개조차 없다는 사실을 깨닫고는 경악한다.

----

* 자신을 꾸미고 술을 마시고 클럽을 다니고 남자를 만나고 여행을 다니고 문화생활을 하는 게 나쁘다는 의미가 아니다. 나는 그저 감각적인 면에서만 엄마와 다르게 사는 것을 지적하고 있다.

그때는 이미 늦다. 세상은 내가 따라잡을 수 없는 속도로 흘러가고 있고, 나는 아무런 지식도 지혜도 능력도 없이 표류하고 있다. 어느새 삼십 대가 성큼 다가와 있다. 그렇게 재앙이 시작된다. 더 큰 재앙은 그동안 감각적인 삶에 깊이 물든 나머지 삼십 대에도 얼마든지 새롭게 시작할 수 있다는 사실을 믿지 못하고 그대로 무너지고 만다는 것이다.

만일 그녀들이 엄마의 사회적·경제적 위치가 어떠하든 엄마를 진정으로 존경하고 사랑했다면, 엄마의 존재에 대해 진실로 감사했다면 감각적인 삶을 추구할 시간에 자신을 치열하게 단련했으리라. 진심으로 존경하고 감사하고 사랑하는 사람이 있다면 그 사람을 지켜주고 행복하게 해줄 수 있는 힘을 갖추기 위해 모든 노력을 다하는 게 인간의 본성이니까.

성공한 여자들도 소녀 시절 "나는 절대로 엄마처럼 살지 않을 거야!"라는 다짐을 한 사람들이다. 단 그녀들의 다짐은 뼈를 깎는 자기 단련을 통해서 성공한 여자가 되겠다는 것이었다. 만일 성공하지 못한다면 엄마처럼 날개가 부러진 여자의 삶을 살게 될 테고, 그건 엄마에게 가장 가슴 아픈 일이 될 테니까. 늙고 약해져가는 엄마를 보호해줄 수 있는 강한 존재가 될 수 없을 테니까. 거칠고 험한 세상 속에서 평생 힘들게 살아온 엄마를 행복하게 해줄 수 없을 테니까.

이런 이유로 그녀들은 월화수목금금금의 삶을 살아가고, 스스로를 일중독으로 몰아가고, 며칠씩 잠을 안 자면서 꿈꾸고, 독서하고, 공부하고, 연구하고……. 그렇게 이십 대내내 스스로를 극한으로 몰아간 것이다.

한번 생각해보라. 세상 어느 누가 고생을 사서 하고 싶겠는가. 불타는 금요일 밤에, 즐거운 토요일 오후에 사무실이나 도서관에서 일과 책에 파묻혀 있고 싶겠는가. 내 모든 힘을 다해 지켜주고 싶은 사람이 있기에 그렇게 할 수 있는 것이다.

당신에게 묻고 싶다.

당신에게는 평생 지켜주고 싶은 소중한 사람이 있는가?

만일 있다면 그 사람은 누구인가?

질문과 목적에 집중할 수 있는 힘

어떤 독자들은 이렇게 말할 수도 있겠다.

"사랑하는 엄마를 지켜줄 수 있는 강한 여자가 되라는 말, 잘 알겠고. 나도 성공한 여자가 돼서 멋지고 당당하게 살고 싶은데. 그러려면 나 자신을 독하게 바꿔야 하는데. 나는 아침에 5분 일찍 일어나는 것조차 힘들어하는데. 성공할 가능성이라고는 1퍼센트도 보이지 않는 그런 사람인데. 어쩌란 말인지. 나 같은 여자는 그냥 이렇게 살다가 불쌍한 엄마와 함께 빈곤과 병으로 얼룩진 노년이라는 현세의 지옥 속으로 걸어 들어가는 것 말고는 달리 방법이 없단 말인가."

나는 대답하고 싶다. 방법은 두 가지가 있다고.

첫 번째 방법은 성공한 여자들도 대부분 당신 같았다는 사실을 아는 것이다. 알아야 '나도 할 수 있다'는 자신감이 생긴다. 그리고 실제로 성공할 때까지 멈추지 않을 수 있다. 그러니 머리와 가슴을 열고 받아들여라. 세상의 주목을 받는 화려한 성공을 거둔 여자들도 한때는 당신처럼 약하디약한 여자에 불과했다는 사실을.

그래야 당신 내면에서 '나는 무엇 때문에 안 돼', '누구 때문에 안 돼' 하는 식의 변명이 사라진다. 대신 '그럼에도 불구하고 나는 할 수 있어'라는 강한 신념이 생겨난다. 신념은 기적을 가져온다. 작고 평범한 한 여자가 세상의 중심이 되는 그런 기적 말이다.

두 번째 방법은 성공한 여자들의 질문법을 배우고 실천하는 것이다. 성공한 여자들에게는 특별한 질문법이 있다. "지금 내가 하려는 이 행동은 내가 성공하는 데 반드시 필요한 것인가?"라는 질문이 그것이다.

예를 들면 그녀들은 휴일 오후 내내 텔레비전 예능 프로그램을 보면서 빈둥거리고 싶은 유혹이 밀려올 때 스스로에게 이렇게 질문한다.

"이 예능 프로는 내가 성공하기 위해서 꼭 봐야 하는 것 인가?"

대답은 당연히 "아니오!"다.

그럼 그녀들은 마음속에서 예능 프로그램을 완벽히 지운 다. 그리고 자신을 성공의 무대로 올려줄 수 있는 일을 한 다. 남자를 만나고 싶은 욕구, 친구들과 놀고 싶은 욕구, 어 디론가 훌쩍 떠나고 싶은 욕구, 늦잠 자고 싶은 욕구, 대충 살고 싶은 욕구 등이 밀려들 때도 마찬가지다.

"지금 내가 하려는 이 행동은 내가 성공하는 데 꼭 필요 한 것인가?"라는 질문을 던지고, "아니오!"라는 답을 얻 고, 마음속에서 그 욕구를 완벽하게 삭제한다. 아니, 마음 속에서 그 욕구가 완전히 삭제될 때까지 그 질문을 계속 던진다.

물론 이 과정은 전혀 쉽지 않다. 자신의 욕망을 하나씩 하나씩 잘라내는 일이기 때문이다. 이는 마치 생살을 조금 씩 잘라내는 것처럼 고통스러운 과정이다. 그러나 이 과정 을 잘 견뎌내면 자신을 극복할 수 있다. 그리고 새로운 인 생을 살 수 있다.

어떤 여자들은 이렇게 말할지도 모르겠다. "성공할 정도로 독한 여자들이니까 그런 질문을 던지면서 자신을 관리했겠지" 하고 말이다. 하지만 이는 질문의 힘을 안다면 절대 할 수 없는 소리다.

질문에는 힘이 있다. 무의미한 욕망을 향해 달려가려는 내 자신을 멈추어 세우고, 나로 하여금 목적에 집중하게 만드는 힘 말이다.

당신도 나태해지고 싶은 욕망이 밀물처럼 밀려들 때 스스로에게 한번 질문을 던져보라. "이렇게 계속 살면 나는 앞으로 어떻게 될까?"라든가 "지금 내가 추구하려는 욕망이 나를 바로 세우는 데 도움이 되는 것인가?"라고 말이다. 아마 자신도 모르게 멈칫하게 될 것이다. 그리고 욕망 앞에서 발걸음을 돌리게 될 것이다.

아니, 어쩌면 당신은 진실을 외면하고 욕망을 추구할 수도 있다. 그렇다고 하더라도 과거와는 다른 감정을 갖게 될 것이다. 뭔가 애매하고 찝찝하고 꺼림칙한 그런 기분을 느끼게 될 것이다. 이른바 죄책감을 갖게 될 것이다. 만일 인간이 어떤 행위에 대해서 죄책감을 갖게 된다면 그 행위를 자발적으로 반복하기란 거의 불가능하다. 인간에게는 양심이 존재하기 때문이다.

만일 당신이 위의 질문을 스스로에게 지속적으로 던진다면, 당신은 어떻게 될까? 아마도 당신은 그동안 당신의 삶을 지배해왔던, 사람을 실패로 이끄는 나쁜 습관들을 완벽하게 청산하게 될 것이다. 그리고 사람을 성공으로 이끄는 좋은 습관들을 갖게 될 것이다. 이게 바로 질문이 가진 힘이다. 성공한 여자들이 이십 대 시절 나약한 자신을 강하게 변화시킨 비결이다. 한마디로 성공한 여자들은 단지 독해서 성공한 것이 아니다. 그녀들은 스스로를 변화시킬 수 있는 지혜를 갖고 있었기에 성공할 수 있었다.

지금 이 순간에도 무서운 속도로 약해져가고 있는 엄마를 보호할 수 있는 강한 여자가 되고 싶다면, 스스로를 믿어라. 그리고 나를 성공으로 이끄는 질문을 통해 스스로를 완벽하게 바꿔라.

강하고 아름답고 현명해질 시간

클레오파트라의 아버지 프톨레마이오스 12세는 가족 살해 문화의 정점에 서 있던 인물이었다.

프톨레마이오스 12세는 클레오파트라의 엄마가 살해당하도록 방치했다. 아니, 그가 암묵적으로 허락하지 않았다면 클레오파트라의 엄마는 살해되지 않았을 것이다. 결국 그는 아내 살인범이었다. 그는 첫 번째 부인 사이에서 태어난 두 딸도 모두 죽였다. 물론 두 딸이 그의 권력을 위태롭게 했던 것은 사실이다. 하지만 유폐나 추방 정도로 끝낼 수도 있는데 굳이 처형했다. 한마디로 피에 굶주린 미치광이였다.

프톨레마이오스 12세는 무능력의 표본 같은 사람이기도 했다. 그는 정치를 책임져야 하는 위치에 있었지만 정치에 관심이 없었다. 그가 가장 열정을 쏟았던 것은 '피리'였다. 그는 궁녀들로 가득 찬 파티장에서 피리를 부는 것을 가장 좋아했고 또 가장 열심히 했다. 당연히 나라는 파탄이 났다. 전국 각지에서 반란과 폭동이 일어났고, 경제는 땅바닥으로 추락했다. 하지만 그는 여전히 피리에 열중했다.

물론 프톨레마이오스 12세라고 속셈이 없진 않았다. 그는 최강대국 로마의 보호를 받으면 된다고 생각했다. 그래서 로마 권력자들에게 뇌물을 바쳤다. 그런데 액수가 문제였다. 한 번 뇌물을 바치면 이집트의 1년 수입에 맞먹는 금액을 바쳤다. 안 그래도 어려운 나라 경제가 파산에 이르렀고 이는 대규모의 반란을 촉발시켰다. 결국 그는 왕궁을 버리고 로마로 도망쳐야 했다.

빈털터리로 로마에 간 그는 로마 재벌 라비리우스 포스트무스를 찾아가 후일 다시 이집트의 왕관을 되찾게 되면 그에게 이집트의 모든 경제권을 이양한다는 서약을 하고 거액의 돈을 빌렸다. 그 돈을 원로원 의원들에게 마구 뿌렸다. 뇌물 공세에 넘어간 원로원 의원들은 로마의 군대가 그를 위해 이집트로 진군하는 것을 허락했다.

그렇게 다시 이집트 수도 알렉산드리아로 돌아간 프톨레마이오스 12세는 자신이 로마에 도망친 동안 파라오의 자리에 오른 맏딸 베레니케 4세를 체포, 잔인하게 처형했다. 이후 이집트의 모든 실권은 로마에 넘어갔고, 그는 진정한 허수아비 파라오가 되었다. 특히 프톨레마이오스 12세가 이집트 재정장관으로 임명한 라비리우스 포스트무스의 수탈이 극심했는데, 얼마나 심하게 쥐어짰던지 국민들이 봉기를 일으킬 정도였다. 봉기는 라비리우스 포스트무스가 로마로 도주하면서 끝났다.

한마디로 그는 클레오파트라에게 엄마 살해라는 평생 지울 수 없는 상처를 안겨주었고, 이미 망한 것이나 마찬가지인 국가를 물려주었다. 뭐랄까, 그는 클레오파트라의 영혼과 삶을 파괴하기 위해 존재하는 사람 같았다. 클레오파트라의 위대한 점은 사악하고 무능력한 아버지의 존재를, 자신을 망가뜨리는 도구로 사용하지 않았다는 것이다.

우리가 흔히 빠지는 함정이 있지 않은가. 만일 내가 괜찮은 부모 밑에서 자랐다면 이렇게 살고 있지는 않을 텐데 같은 자기합리화 말이다. 사실은 자신이 삶을 바꾸려는 노력을 전혀 하고 있지 않은 게 초라한 삶을 살고 있는 가장 실질적인 원인인데도 말이다.

여자들이 아버지에 대해 갖는 감정과 태도는 보통 이렇게 진행된다고 한다.

- **어린 시절:** 무한한 신뢰와 존경과 사랑의 마음으로 바라보고 따르기
- **사춘기:** 신뢰와 불신, 존경과 무시, 사랑과 미움 사이에서 끝없이 흔들리기
- **이십 대:** 실망과 분노, 무시와 체념의 감정을 애써 억누르며 형식적으로나마 좋은 부녀 관계를 만들기 위해 노력하기
- **결혼 이후:** 잊고 지내다가 어쩌다 한 번씩 애잔한 마음으로 걱정하고 그리워하기

물론 사춘기 이후에도 무의식 깊은 곳에는 아버지를 향한 신뢰와 존경과 사랑의 마음이 본능처럼 자리한다. 하지만 한 사람의 거의 모든 것이 물질적인 잣대에 의해서 평가받는 '사회'에서는 그 아름다운 본능이 통하지 않는다는 게

문제다. 특히 우리나라같이 좋은 대학에 들어가거나 좋은 직장에 취직하려면 내 능력보다 아버지의 능력이 중요한 사회에서는 말이다.

그런 이유로 무수히 많은 이십 대들이 사회에 나오기도 전에 가슴이 무너지고 영혼이 병든다. 그래서 우리나라의 이십 대들이 텔레비전, 스마트폰, 인터넷 게임, 술, 담배, 열등감, 패배주의 등에 그토록 쉽게 빠지는 것이다. 그리고 '자살'이라는 극단적인 선택을 세계에서 가장 많이 한다.

그런데 내가 사회에서 잘나가지 못하는 이유, 내가 돈이 없는 이유, 내가 행복하지 못한 이유, 심지어는 내가 좋은 남자를 만나지 못하는 이유까지도 '무능력한 우리 아빠 때문이다!'라고 단정지으면 잠시 마음이 편해질지는 모르지만 결국 다음과 같은 잔인한 결론과 만나게 된다.

첫째, 아무리 아버지를 원망해도 아버지는 바뀌지 않는다.

둘째, 아버지가 바뀌지 않으므로 내가 사회에서 잘나가지 못하는 현실, 내가 가난하고 불행한 현실, 내가 좋은 남자를 만나지 못하는 현실도 바뀌지 않는다.

셋째, 앞으로도 계속 고통스러운 인생을 살게 된다.

그렇다면 어떻게 해야 할까? 답은 간단하다. 지금부터 아버지를 원망하지 않으면 된다. 내가 사회에서 잘나가지 못하는 이유, 내가 가난한 이유, 내가 불행한 이유, 내가 좋은 남자를 만나지 못하는 이유를 아버지가 아닌 나 자신에게서 찾으면 된다. 그러면 바뀌어야 할 사람은 아버지가 아니라 나 자신이라는 결론과 만나게 된다.

비록 쓸쓸하기 짝이 없겠지만, 언제까지고 어린아이 같은 마음으로 살 수는 없으니 유치한 감정 대신 이성의 눈으로 그 순간을 바라보라. 그럼 깨닫게 된다. '바뀔 사람은 나'라는 사실을 인정하고, "이제부터 아빠에게 책임을 돌리는 삶이 아닌 스스로 책임지는 삶을 살겠다!"라고 선언하는 그때가 당신의 새로운 인생이 시작되는 바로 그 순간임을.

내가 이처럼 자신 있게 말할 수 있는 이유는 직접 경험했기 때문이다. 이십 대 시절 아버지는 20억 원이 넘는 빚을 지고 있었다. 어느 날 아버지가 잠적했고, 그 빚은 고스란히 나에게 넘어왔다. 나는 아버지의 주 보증인이었다. 하루 아침에 사회 밑바닥, 아니 지하 100층으로 떨어졌다. 빛조차 들지 않는 곳이었다. 현세의 지옥 그 자체였다.

아버지가 미웠다. 원망스러웠다. 하지만 미워하고 원망

해서 어쩌란 말인가. 그래봤자 지하 100층에서 200층으로 떨어질 뿐이다. 그동안 치열하게 읽은 자기계발서들이 위력을 발휘하기 시작했다. 나는 책의 가르침대로 아버지를, 내 이십 대를 축복했다. 그리고 20억 원이 넘는 빚에 대해 감사하는 마음을 가졌다. 물론 쉽지 않았다. 매일 처절한 내면의 투쟁이 있었다. 또한 그 투쟁에서 패배해 죽고 싶을 정도로 고통스러운 순간들이 무수히 있었다. 그때마다 모든 책임을 아버지에게 돌리고 도망치고 싶었다. 그러나 그럴 수 없었다. 그래도 변하는 것은 아무것도 없으니까.

나는 아버지의 모든 빚을 책임지기로 했다. 비록 현실적으로 갚을 능력은 없었지만 마음속으로 이미 빚을 갚은 나의 모습을 그리고 또 그렸다. 간절한 마음은 기적을 불러일으키는 법이다. 서른네 살 무렵 나는 하루아침에 베스트셀러 작가가 되어 지하 100층에서 지상 100층으로 올라갔고, 모든 빚을 없앨 수 있었다. 한 번씩 스스로에게 묻는다. "만일 내가 그때 모든 불행의 책임을 아버지에게 돌렸다면 나는 어떻게 되었을까" 하고 말이다. 아마도 나는 지하 200층 아래로 떨어지는 것도 모자라 생매장되고 말았을 것이다.

만일 당신의 내면 깊숙한 곳에 아버지에 대한 실망, 분노, 원망, 체념 등의 감정이 자리하고 있다면 털어버려라. "다른 사람은 몰라도 나는 아버지한테 받은 상처가 너무 많아서 불가능해!" 이런 말이 목구멍까지 치솟아 오르거든 클레오파트라를 생각해보라. 그녀라고 마음이 없었겠는가. 그렇지만 그런 마음을 홀홀 털어버리지 않고서는 새로운 인생을 살 수 없기에 나를 망가뜨리는 감정을 버리고 나를 새롭게 세우는 지혜를 선택한 것이다.

아버지를 용서하고 사랑하라. 만일 그게 어렵다면 아버지에 관해 부정적으로 생각하는 것만이라도 멈춰라. 다른 누가 아닌 당신 자신을 위해서 그렇게 하라.

이제 당신 자신의 삶을 살 시간이다.

아버지라는 그늘을 벗어나 무한히 열린 하늘로 힘차게 비상할 시간이다.

클레오파트라처럼 강하고 아름답고 현명해질 시간이다.

당신은 할 수 있다.

아버지의 그늘에서 벗어나라

성공한 여자들 중에는 아버지와 불화한 사람이 의외로 많다. 여자든 남자든 성공하려면 무엇보다 먼저 과거의 자신을 깨뜨려야 하는데, 그러다 보면 자연스럽게 아버지가 그동안 소중하게 만들고 지켜온 어떤 문화를 깨야 하는 순간과 만나게 된다. 아니, 좀 더 정확하게 말하면 아버지가 만든 문화 속에서 자라온 자기 자신을 깨뜨리는 순간이다.

이는 아버지에게 큰 상처가 된다. 어떤 아버지들은 가슴이 찢어지는 아픔을 묵묵히 견디면서, 웃는 얼굴로 자식의 새 출발을 축복하고 응원한다. 하지만 어떤 아버지들은 그렇게 하지 못한다. 이때 불화가 생긴다. 부모와 자식 간에

서로 사랑하지 못해서 생기는 불화가 아니다. 서로 바라보는 지점이 다르기 때문에 생기는 불화다.

안타깝게도 많은 여자들이 이를 오해한다. 아빠가 나를 진정으로 사랑하지 않는다고 생각해버린다. 이는 큰 상처가 되고, 끝없는 방황의 전주곡이 된다. 그렇게 새로운 삶을 향해 멋지게 첫발을 내밀었던 여자들이 성공을 향해 질주해야 할 이십 대 시절을 헛되이 보내고 만다. 그리고 평생 동안 아버지에게 원망하는 마음을 안고 살아간다.

성공한 여자들은 아버지와의 불화를 어떻게 극복했을까?

아버지가 정해준 길을 버리고 스물한 살부터 당당하게 자신의 길을 걸어간, 그로 인해 아버지에게 무서운 폭력은 물론이고 한 달 가까이 감금까지 당한, 언니의 도움으로 겨우 집을 탈출하긴 했지만 아버지가 무서워 1년 가까이 전국을 떠돈, 그렇게 이십 대 내내 아버지와 불화한, 하지만 지금은 수백 명의 직원을 이끄는 CEO가 되어 아버지의 노후를 든든히 책임지고 있는, 아버지의 신뢰와 사랑을 듬뿍 받고 있는 한 성공한 여자에게 그 비결을 물어봤다.

"저는 책의 도움을 많이 받았어요. 분노한 아빠를 피해 세상을 떠돌 때도 배낭엔 무조건 책이 들어 있었죠. 이제 갓 이십 대가 되었으니 잘 모르잖아요. 내가 옳은지, 아빠가 옳은지. 그리고 '세상 그 누가 뭐라 해도 난 내 길을 가겠어!' 이렇게 호기롭게 외쳤다가도 막상 내 뜻을 강력하게 반대하는 아빠의 모습을 보면 기가 확 죽잖아요. 저도 그랬어요. '그래도 세상에서 나를 가장 잘 아는 사람이 아빠일 텐데, 나보다는 아빠가 세상 경험을 많이 했을 텐데, 그런 아빠가 이렇게까지 반대하는 데는 어린 나는 아직 모르는 어떤 중대한 이유가 있는 것은 아닐까. 꿈도 좋고 미래도 좋은데 그보다는 사랑하는 가족과 관계 회복을 하는 게 옳지 않을까. 지금 내가 꾸는 꿈이 아빠와 불화하면서까지 추구할 만한 가치가 있는 것일까.' 내가 옳다는 확신이 있었는데도 불구하고 이런 생각들로 늘 마음이 힘들었죠. 그때마다 전 책을 펼쳤어요. 주로 자기계발서와 철학서를 읽었죠. 왜 책이었냐고 묻는다면 좀 유치한 대답을 할 수밖에 없을 것 같아요. 책을 쓸 정도의 사람들이라면, 텔레비전밖에 모르는 우리 아빠보다는 훨씬 지혜롭고 현명할 거라는 생각을 했었거든요. 아무튼 제가 읽었던 책의 저자들은 이구동성으로 말했어요. 그냥 네 가슴속의 소리를 듣고 묵묵히 가라고. 아빠에게 정신적으로 독립해서 홀로 당당하게 자신의 길을 가는 것, 그게 가장 큰 효도라고. 그렇게 몇 년 동안 책만 읽으면서 위태롭게 흔들리는 마음을 단단하게 잡았고, 세상 속으로 뛰어들었지요. 그 뒤로 앞만 보고 달려왔네요. 제가 선택한 길을 그토록 반대하셨던 아빠는 제가 아파트와 차를 사드리자 순식간에 우군으로 바뀌셨어요. 그땐 좀 허탈하기도 했지만, '아! 내가 만일 아빠에게 굴복했다면 우리 집은 아직도 반지하 월세방에서 살고 있겠구나. 그리고 온 가족이 핸드폰 두 개를 일주일씩 돌려쓰고 있겠구나' 하는 생각에 가슴이 먹먹해지더라고요. 그래서 더 열심히 살았던 것 같아요. 그리고 지금 이 순간에도 누구보다 더 치열하게 살려고 노력하고 있고요."

지금 아버지와 불화하면서 힘든 이십 대를 보내고 있는 여자들에게 어떤 조언을 해줄 수 있느냐는 질문에는 이렇게 대답했다.

"물이 가득 담긴 어항 한가운데에 얇은 유리판을 설치하고 물고기를 풀어놓으면, 처음엔 물고기가 반대편으로 가기 위해 무척 애를 쓴다고 해요. 하지만 그때마다 유리판에 머리를 세게 부딪치게 되고, 극심한 좌절감에 사로잡히게 된다고 해요. 그렇게 며칠이 지나면 물고기는 반대편으로 가려는 시도 자체를 하지 않게 되는 거죠. 이때 유리판을 제거하면 어떤 일이 벌어질까요? 물고기가 '기회다!' 하고 반대편으로 확 넘어갈까요? 그렇게 자신의 영역을 넓힐까요? 아니요. 절대로 유리판이 있던 자리 이상을 넘어가지 않는다고 해요. 한마디로 물고기는 스스로를 학습시켜버린 거죠. '내 영역은 딱 여기, 유리판이 있는 곳까지야. 그 이상은 불가능해!'라고 말이지요. 저는 스무 살을 이렇게 정의하고 싶어요. '그동안 나를 가로막고 있던 유리판이 사라지는 시기.' 스무 살은 미성년자가 진정한 성인이 되는 나이니까요. 믿기 어렵겠지만, 스무 살이 된 그날, 삶에서 아버지라는 유리판은 사라졌어요. 그러니 그냥 질주하세요. 자신이 가고자 하는 그 길을 말이지요. 절대로, 절대로 어리석은 물고기처럼 살지 마세요. 그래야 성공할 수 있고, 아버지를 넘어설 수 있어요. 저는 생각해요. 그게 가장 큰 효도라고. 그러니 자신이 살고자 하는 그 삶을 그냥 살아버리세요. 자신을 위해, 그리고 아버지를 위해!"

바보들이 만든 판은 바보들에게

클레오파트라에게는 배다른 언니 두 명과 배다른 여동생 한 명, 배다른 남동생 두 명이 있었다. 앞에서도 말했지만 클레오파트라의 집안에는 가족 살해라는 무시무시한 전통 이 있었다. 이는 곧 무엇을 의미하는가. 조금만 튀는 행동 을 하거나 자신의 야망을 드러내거나 윗사람의 미움을 받 으면 언제든지 제거될 수 있다는 것이다. 실제로 클레오파 트라의 언니들은 그렇게 살다가 죽었다. 남동생들 역시 마 찬가지였다. 오직 클레오파트라만 살아남았다. 그리고 최 후의 승자가 되었다.

클레오파트라의 생존 비결과 성공 비결은 간단했다. 그녀는 가족들이 제 잘난 맛에 취해 서로를 시기하고 질투하고, 어떻게 하면 내가 승자가 되어 모든 것을 가질 수 있을까를 놓고 머리를 굴릴 때, 오늘날로 치면 미국과 유럽의 모든 도서관을 합한 것보다 더 많은 책을 소장한 알렉산드리아 도서관에서 살다시피 하면서 독서했고 당대 최고의 작가들, 수학자들, 철학자들, 과학자들, 경제학자들을 멘토로 모시고 지식과 지혜를 쌓았다. 겉보기에 그녀는 여왕의 자리를 깨끗하게 포기한 것 같았다. 대신 학자가 되기 위해 도서관으로 숨어든 것 같았다.

권력에 영혼을 판 미치광이 아버지와 피비린내 나는 권력투쟁을 시작한 두 언니는 클레오파트라에게 어떤 위협도 느끼지 않았고 마치 없는 사람 취급했다. 덕분에 클레오파트라는 그들이 만들어놓은 판에서 벗어나 자기 자신을 혁명적으로 성장시킬 수 있는 시간을 가질 수 있었다. 그러니까 그녀는 경쟁자들이 머리를 굴릴 때, 머리를 성장시켰다.

한편으로 클레오파트라는 이집트 궁정 정치의 주요 세력을 면밀하게 관찰했다. 비록 민심은 잃었지만 실질적인 권력을 쥐고 있는 아버지와 아버지의 자리를 노리면서 서로 경쟁하는 두 언니, 그리고 이 세 사람 주위로 모여들어 파벌을 형성하면서 서로 다투고 싸우는 신하들을 말이다. 그녀는 이집트 궁정의 정치판을 관찰하면서 이런 결론을 얻었던 것 같다.

"이집트 궁정에 진정으로 이집트의 미래와 이집트의 백성들을 생각하는 사람은 없다. 이들은 하나같이 오직 자신의 이익만을 생각한다. 이들의 싸움은 투견장에서 벌어지는 개들의 싸움과 다를 바 없다. 사자가 나타나면 한순간에 정리되고 마는. 나는 어떻게 할 것인가. 투견장으로 뛰어드는 또 다른 개가 될 것인가, 아니면 사자가 될 것인가."

클레오파트라는 투견장의 승리자가 되고자 하지 않았다. 그녀는 사자가 되기를 원했다. 이를 위해 그녀는 모든 에너지를 자기 자신에게 쏟았다. 아버지나 언니들에게는 손톱만큼의 에너지도 쓰지 않았다. 그렇게 해야만 단기간에 그들을 뛰어넘을 수 있는 거대한 힘을 가질 수 있다는 사실을 깨달았기 때문이다.

고대 이집트의 궁정 사회는 오늘날 한국 사회와 많이 닮았다. 집단 내에서 조금만 튀는 행동을 하거나 야망을 내보이거나 윗사람의 눈에 거스르면 즉시 사회적 사망 선고가 내려지는 것을 보면 말이다. 어디를 가든 내 삶의 방식에 괜한 참견을 하고, 내가 조금만 잘나가면 뒤에서 질투하고 헐뜯고 욕하고, 공정한 경쟁을 통해서 이기지 못할 것 같으면 온갖 음험한 술수를 부려서 나의 날개를 꺾으려는 사람들이 많은 것을 보면 말이다.

클레오파트라는 이렇게 조언한다.

"바보들이 활개 치는 판은 바보들에게 내주어라. 바보들을 신경 쓸 시간에 너 자신을 계발하라. 그리고 바보들은 감히 상상도 하지 못할 거대한 판을 짜고, 그 판의 주인이 되어라."

생각해보면 성공한 여자들은 하나같이 클레오파트라의 조언을 따랐다. 그녀들은 주변의 여자들과 경쟁하지 않았다. 남자들과도 경쟁하지 않았다. 그녀들은 오직 어제의 자기 자신과 경쟁했다. 그렇게 그녀들은 매일 자신의 한계를 부숴나갔고, 마침내 자기 자신을 극복했다. 그리고 그 대가로 세상이 '성공'이라 부르는 것들을 쟁취했다.

중국 고전 《장자莊子》 〈달생편〉을 보면 이런 이야기가 나온다. 중국 산둥 성 남쪽에 기紀 나라가 있었다. 여기에 성자渻子라는 사람이 살고 있었다. 그의 직업은 투계鬪鷄, 즉 싸움닭을 기르는 것이었다. 어느 날 그는 왕을 위한 싸움닭을 기르게 되었다. 닭을 맡은 지 열흘쯤 지나자 왕이 보낸 사람이 와서 물었다.

"이제 되었는가?"

성자가 대답했다.

"아직은 아닙니다. 자기 힘만 믿고서 쓸데없는 허세를 부리며 날뛰고 있습니다."

다시 열흘이 흘러 왕이 묻자 그가 대답했다.

"아직도 안 되었습니다. 다른 닭의 하찮은 소리나 그림자에도 덤벼들 자세를 취합니다."

또 열흘이 흘렀다. 왕의 물음에 성자가 답했다.

"아직도 부족합니다. 다른 닭을 보면 잡아먹을 듯이 노려보고 혈기를 부립니다."

그렇게 다시 또 열흘이 흘러 왕이 묻자 성자가 전과 다르게 대답했다.

"이제 되었습니다. 다른 닭이 아무리 도발해도 눈 한 번 깜짝하지 않습니다. 멀리서 보면 마치 나무로 깎아놓은 닭

같습니다. 이제야 그 덕이 온전해졌습니다. 다른 닭들은 감히 덤벼들 생각을 못하고 그저 등을 돌려 도망치기 바쁩니다."

당신에게 묻고 싶다.

당신은 어설프기 짝이 없는 자기 힘만 믿고서 허세를 부리며 날뛰는 사람인가. 아니면 하찮은 사람들의 하찮은 표정이나 하찮은 소리에도 분을 이기지 못하고 마음속으로든 실제로든 덤벼드는 자세를 취하는 사람인가. 그도 아니면 혈기를 이기지 못해 다른 사람들이 도발하면 잡아먹을 듯 노려보며 난동을 부리는 사람인가.

이 셋 중 하나에 속한다면, 당신은 바보들이 만든 판 위에서 날뛰는 또 다른 바보일 수 있다.

이제 그 판에서 벗어나 모든 에너지와 시간을 자기 자신에게 쏟아라. 바보들이 아무리 도발해도 눈 하나 깜짝하지 않는 목계木鷄(나무로 깎아놓은 닭)가 되어라.

그러면 언젠가 거대한 힘을 갖게 될 것이다. 그때가 되면 새로운 판을 만들어라. 누구도 아닌 당신 자신이 주인인 빛나고 거대하고 아름다운 당신 자신의 세계를 창조하라.

당신은 이런 삶을 살기 위해 태어났다. 투견장에서 이전 투구泥田鬪狗를 벌이는 개의 삶이 아닌 초원을 호령하는 사자의 삶을 살기 위해 태어났다.

그러니 당신의 위대한 운명을 깨닫고, 사소한 것에 목숨 거는 세상의 바보들과 다른 길을 걸어라.

PART 5

Do It Yourself!

불합리한 것을 이기는 지혜

극심한 혼란에 빠졌던 이집트는 클레오파트라의 탁월한 경제 정책에 힘입어 안정을 찾기 시작했다. 국민들의 눈은 자연스럽게 신임 여왕에게로 쏠렸다. 그녀는 이 기회를 놓치지 않았다. 국민들이 원하는 지도자의 모습을 보여주기 시작했다. 대표적인 사례가 부키스Buchis 사건이다.

부키스는 고대 이집트인들이 신으로 숭배한 황소를 일컫는다. 그런데 이 황소가 나이가 들면 다른 황소들처럼 병에 걸려서 시름시름 앓다가 죽었다. 이는 당연한 일이었다. 부키스는 신이 아니라 짐승에 불과했기 때문이다.

하지만 고대 이집트인들은 그 사실을 인정하지 않았다.

그들에게 있어서 부키스는 신이었다. 아니, 신이어야만 했다. 그런데 신이 죽었다. 이제 어떻게 해야 할까? 고대 이집트인들은 아주 쉬운(?) 해결책을 찾아냈다. 그들은 죽은 황소는 잊고 새로운 황소를 찾아 부키스로 선포했다. 그리고 열렬히 믿었다.

클레오파트라는 오늘날로 치면 미국항공우주국NASA 이상의 과학 지식을 가지고 있었다. 대표적으로 그녀는 저명한 과학자들조차 지구는 평평하고 태양계의 중심에 위치하고 있다고 믿고 있던 시절에 지구는 구체이고 태양계 중심에는 태양이 자리 잡고 있으며 지구는 태양 주위를 열심히 도는 여러 행성들 중 하나라는 사실을 알고 있었다.

당연히 그녀는 부키스가 짐승에 불과하다는 사실을 잘 알았다. 하지만 그녀는 몸소 알렉산드리아에서 테베까지 갔고, 테베에서 국민들이 좋아할 만한 황소를 한 마리 찾아내서 배에 싣고 돌아왔다. 그리고 헤르몬티스 사원에 기증(?)했다. 이는 철저히 국민의 인기를 얻고자 한 행동이었다.

클레오파트라의 계산은 맞아떨어졌다. 이집트 국민들은 신임 여왕에게 폭풍처럼 빠져들었다. 이집트 국민들이 보기에 여왕은 자신들을 오직 착취의 대상으로 보고 노예처럼 부리는 이집트 기득권층과 달라도 너무 달랐다. 여왕은 자신들의 친구가 되기 위해 노력하고 있었다. 그런 여왕에게 돌려줄 것은 뜨거운 지지와 사랑밖에 없었다. 클레오파트라는 하루아침에 국민 스타가 되었다. 그리고 최고의 인기를 발판 삼아 이집트 권력의 정점에 올라섰다.

생각과 달리 세상은 어리석고 불합리한 것들로 가득 차 있다. 특히 우리나라처럼 남성 위주의 사회에서는 더욱 그렇다. 대학을 졸업할 때까지만 해도 당당하고 자신감 넘치던 여자들이 사회에 나오자마자 빛을 잃고 하녀 아닌 하녀처럼 살아가는 경우가 얼마나 많은가. 남자 상사들 밑에서 커피 심부름 따위나 하면서 말이다.

나는 그 회사의 모든 남자들을 합친 것보다 더 뛰어난 잠재력을 가진 여자들이 단지 여자라는 이유 하나 때문에 사무실에서는 커피 심부름을 하고 회식 자리에서는 술을 따라야 한다는 사실에 좌절해 자존감과 자신감을 잃고 평균 이하의 존재로 전락하는 모습을 많이 보았다. 또 미래가 불안한 상태에서 자신의 곁을 맴도는 여러 남자들 중 한 명에게 마치 헐값에 넘기듯이 자신을 넘겨버리는 경우도 적지 않게 보았다. 아니, 의외로 많은 여자들이 자의 반 타의 반으로 그렇게 살아간다. 이는 우리나라 여성의 지위와 행복도가 OECD 꼴찌 수준이라는 통계에서도 잘 드러난다.

그런데 같은 환경 아래서 전혀 다른 길을 가는 여자들도 있다. 그녀들은 어리석고 불합리한 세상의 문화를 이용해서 자신의 가치를 높이고 남자들 위에 실질적으로 군림하고 세상을 주도적으로 살아간다.

최근에 승진과 결혼을 동시에 쟁취한 N이 대표적이다. 그녀는 수도권 대학을 졸업하고 한 대기업에 들어갔다. 이때만 해도 그녀는 큰 희망에 부풀었다. 하지만 오래지 않아 그녀는 일상적으로 굴욕감과 좌절감을 느끼게 되었다. 그녀가 속한 팀은 대부분 남자였는데 그들은 그녀를 마치 커피숍 알바 정도로 취급했기 때문이다. 회식 자리는 더 가관이었다. 마치 술집 여자라도 된 듯한 기분, 그것 외엔 아무것도 느낄 수 없게 만들었다.

그러던 어느 날이었다. 그녀는 평상시처럼 회식 자리에서 울며 겨자 먹기로 남자 상사들 술잔을 채워주다가 화장실을 다녀온 팀장의 두 눈이 새빨갛게 변해 있는 것을 발견했다. 한눈에 봐도 변기 위에 앉아서 펑펑 울고 온 눈치였다. 그런데 남자 직원들은 그 사실을 전혀 눈치 채지 못하고 있었다. 그녀는 안쓰러운 마음에 팀장에게 이것저것 물어보는 체하면서 팀장의 마음을 위로했다. 평소에는 '너무 싫다!' '집에 가고 싶다!' '언제 도망가지?' 이런 생각들로 머릿속이 꽉 차서 남자들을 쳐다보지도 않던 그녀였는데, 그날만은 묘하게도 그런 생각이 들지 않고 단지 팀장이 너무 불쌍하다는 마음만 들었다고 한다.

아무튼 그녀는 그토록 강하게만 보였던, 회사의 엘리트인 팀장이 사실은 업무 스트레스와 미래에 대한 불안감 때문에 약을 먹을 정도로 고통받고 있다는 사실을 알게 되었다. 그날은 단지 그렇게 끝났다.

그런데 다음 날 그녀는 자신을 바라보는 팀장의 시선이 많이 바뀌었다는 사실을 깨달았다. 팀장은 그녀를 동료로 보고 있었다. 그리고 커피 심부름이나 복사 심부름 같은 것들을 더 이상 시키지 않았다. 오히려 그녀를 눈치껏 챙겨주고 있었다. 비록 팀장은 업무 스트레스를 견디지 못하고 몇 달 뒤에 퇴사하고 말았지만 그녀는 이 경험을 통해 다음과 같은 깨달음을 얻었다.

첫째, 세상은 강한 척하는 남자들로 가득 차 있을 뿐 진짜로 강한 남자는 없다.

둘째, 남자들은 두려움과 불안감에 휩싸여 있고, 누군가가 자신을 알아주고 이끌어주기를 간절히 원한다. 하지만 평소엔 이런 마음을 철저히 감춘다.

셋째, 남자들은 술에 적당히 취했을 때라야 가면을 벗고 자신의 민낯을 드러낼 용기를 낸다. 이때 그들의 입장에 서서 이해와 공감과 지지를 표하면, 그들을 지배할 수 있게 된다.

그녀는 자신의 깨달음대로 행동했다. 자기 부서의 남자들을 실질적으로 지배하게 되었고, 오래지 않아 팀장으로 승진했다. 그리고 남자들로 가득 찬 회사를 마음껏 휘젓기 시작했다. 한마디로 그녀는 부키스 사건을 지혜롭게 처리한 클레오파트라가 그랬듯 어리석고 불합리한 것들로 가득 차 있는 남성 위주의 대한민국 기업 문화를 철저하게 자신을 위해 이용했고, 놀라운 결과를 만들어냈다.

더 멋진 사실은 남자들에게 고백 한 번 받은 적이 없어 결혼은 아예 포기했던 그녀가 팀장이 되고 약 1년 뒤 다섯 살 연하의 귀공자풍 남자에게 적극적으로 대시를 받아 결혼에 성공했다는 것이다. 참고로 이때 그녀는 서른여섯 살이었다.

키도 크고 잘생겨서 주변에 어리고 예쁘장한 여자들이 넘쳐났던, "어리고 예쁘지 않은 여자는 이미 그 자체로 죄악이다"라는 망언을 입에 달고 다니던 그가 결혼하고 싶은 여자를 만났다고 누구보다 가장 먼저 형에게 소개하고 싶다는 말을 했을 때 나는 연예인 이상으로 예쁜 여자를 데리고 나올 줄 알았다. 하지만 아니었다. N은 지극히 평범했다.

나는 며칠 뒤 다시 만난 자리에서 그에게 어찌 된 영문이냐고 물었다. 그는 취재차 들른 한 기업의 행사에서 눈부시게 빛나는 한 여자를 발견하고는 '바로 이 여자다!'라는 운명적인 떨림을 느꼈고 그동안 갈고 닦은(?) 기술을 구사해서 내 여자로 만들었을 뿐이라고 담담하게 대답했다. 도대체 뭐가 그렇게 눈부시게 빛났냐는 질문에는 이렇게 답했다.

"기업 행사라는 게 중·고등학교 시절 운동회 같은 거잖아요. 다들 억지로, 마지못해서 참석하는 그런 거죠. 제가 취재를 갔던 그 회사도 마찬가지였어요. 생기라고는 전혀 찾아볼 수 없는 그런 분위기였죠. 아마 시작한 지 한 시간

반 정도 지났을 때였을 거예요. 잠시 쉬는 시간이었는데 이때 갑자기 한 여자가 응원석에서 나와서 마이크를 잡았어요. 그러고는 젊은 직원들을 운동장에 모이게 하더니 준비해둔 음악을 틀고 꼭짓점 댄스를 추기 시작하더라고요. 그때부터 분위기가 바뀌기 시작했어요. 그녀는 거기서 그치지 않았죠. 팀장들을 불러내고 임원들을 불러내더니 급기야 대표이사까지 불러내서 꼭짓점 댄스를 추게 만들었어요. 바로 그 순간 무미건조하기 짝이 없던 행사 자리가 축제 분위기로 바뀌었어요. 그때 제 두 눈이 멀었던 것 같아요."

하지만 내가 알기로 그는 지극히 감성적인 만큼 지극히 계산적인 남자였다. 그래서 다시 물었다.

"단지 그것 때문이야? 뭔가 부족한 것 같은데……."

그는 씩 웃으면서 덧붙였다.

"그런 듬직하고 강한 여자라면, 제 인생을 믿고 맡길 수 있으니까요. 형도 알다시피 저, 불안하고 약한 남자잖아요."

그렇다. 그의 뜨거운 가슴이 그녀의 매력에 푹 빠져 있을 때 그의 차가운 머리는 냉정한 계산을 하고 있었다. '이 여자는 연애의 대상인가, 결혼의 대상인가'라는 지극히 현실적인 계산 말이다.

　많은 여자들이 오해하고 있는 게 있다. 남자들은 외모만 보는다는 것이다. 물론 틀린 말은 아니다. 하지만 연애라면 모를까 결혼까지 외모만 보고 하는 남자는 드물다.

　조금 속상한 말일 수 있는데, 머리가 조금이라도 있는 남자라면 다 계산을 한다. 이 여자와 결혼하는 게 인생에 득이 될지 실이 될지 말이다. 특히 우리나라처럼 갈수록 살기 어려워지는 나라의 남자들은 더욱 열심히 계산을 한다. 아니, 그런 계산을 열심히 할 수밖에 없다. 잘못 결혼하면 그때부터 사회적·경제적으로 진정한 고통이 시작될 수 있으니까 말이다. 세상에 얼마나 많은가. 차가운 머리의 외침은 무시한 채 뜨거운 가슴의 속삭임만 듣고 결혼했다가 몇 년도 안 돼서 서로 원수가 되어 갈라서는 사람들 말이다.

　가슴의 소리를 들었다는 게 잘못되었다는 의미가 아니다. 나도 사랑지상주의자다. 누군가를 사랑할 땐 마음의 소리 외에는 듣지 않아야 된다고 믿는 사람이다. 그러나 결혼은 현실이고, 생활이다. 연애와는 차원이 다르다는 의미다. 그렇다면 서로에게 진실했던 두 사람이 결혼 후 헤어지는 가장 큰 이유가 무엇일까? 통계 자료 등에 이미 나와 있다. 경제력 때문이다. 여기서 주의해야 할 점이 있다. 부부가 헤어지는 가장 큰 이유는 돈 때문이 아니라는 사실이다. 만일 돈이 문제라면, 대부분의 연인은 가난하므로 애초에 서로 결혼 자체를 하지 않았을 것이다.

문제는 돈이 아니라 경제력이다. 지금 두 사람의 통장에 얼마가 들었느냐가 아니라 앞으로 가정 경제에 희망이 있느냐 없느냐다. 그런데 도저히 희망이 보이지 않는다고 판단되기에 찢어지는 가슴을 부여잡고 고통스런 선택을 하게 된다. 성격 차이라든가 아이를 위해서라든가 하는 여러 표면적인 이유를 내걸면서 말이다. 우리나라에 닥친 가장 큰 경제 위기였던 IMF 때 이혼율이 가장 높았다는 사실이 이를 증명한다.

아무튼 남자들은 약하다. 그저 강한 척 허세를 부릴 뿐이다. 특히 한국 남자들의 허세는 더욱 심하다. 어렸을 때부터 남자는 강해야 한다는 교육을 받고 자랐기 때문이다. 그래서 우리나라에는 여자들이 보기에 어리석고 불합리한 것들이 너무 많다. 하지만 아무리 우리나라가 부족한들 고대 이집트보다 더하겠는가. 클레오파트라가 활동하던 고대 이집트와 비교하면 천국 같은 곳이다.

클레오파트라는 무지몽매하고 미개한 관습이 판을 치던 고대에 그 어리석음과 불합리함을 자신을 강력하게 만드는 도구로 활용했다. 앞에서 예를 든 N도 마찬가지다. 물론 우리나라의 어리석고 불합리한 사회제도라든가 기업 문화 같은 것들은 사라져야 마땅하다. 남자들도 변해야 한다. 하지만 도대체 언제 이런 잘못된 제도들과 문화들이 사라지고, 언제 남자들이 변한다는 말인가. 언젠가는 바뀌겠지만 그 땐 아마도 이 글을 읽는 당신은 나이 지긋한 할머니가 되어 있을지도 모른다. N은 이 사실을 잘 알았기에 자신을 바꾼 것이다. N이 자신만 바꾼 것은 아니다. 회사의 핵심 인재로 성장한 뒤 여직원을 심부름꾼으로 취급하는 사내 문화를 뜯어고쳤고 회식 자리에서 여직원들이 상사 옆자리에 앉아서 술을 따르는 것을 금지시켰다. 그렇게 그녀는 자신이 속한 세계를 하나씩 바꾸어나갔다.

최근에 들은 소식에 따르면 N은 사업을 준비 중이라고 한다. 나는 그녀가 최고의 CEO로 성장할 것을 믿어 의심치 않는다. 그녀는 클레오파트라가 2천 년 전에 발견한 진실 네 가지를 잘 알고 있고 또 잘 활용하고 있기 때문이다.

첫째, 세상을 지배하는 것은 남자들이다.

둘째, 남자들은 의외로 약하고 소심하고 겁이 많다.

셋째, 남자들은 누군가가 자신을 이끌어주기를 간절히 원하고 있다.

넷째, 남자들을 이끌 줄 아는 여자가 세상을 지배한다.

N이 해냈다면 당신도 해낼 수 있다.

어리석고 불합리한 세상의 모습에 좌절하고 고개 떨구지 마라.

세상의 어리석음을 볼 시간에 당신 안의 지혜로움을 보라. 세상의 불합리함에 한탄할 시간에 당신의 강함을 발견하고 이를 어떻게 현실화시킬 수 있을지 생각하라.

당신은 당신이 생각하는 것보다 훨씬 더 지혜롭고 강한 존재다.

부자의 사고방식

여왕에 갓 즉위한 클레오파트라, 그러니까 사회에 갓 나온 클레오파트라에게는 이집트 최고의 경제 전문가들보다 더 뛰어난 경제적 지식과 능력이 있었다. 그리고 그 지식과 능력을 활용해서 부도 위기에 몰린 국가 경제를 구했고, 순식간에 이집트 경제계의 꼭대기에 올라섰다. 비유를 하자면 이제 갓 사회에 나온 한국의 이십 대 여성이 자신의 경제적 지식과 능력을 활용해서 하루아침에 이건희보다 더 큰 부자가 된 것이다.

클레오파트라에게 이집트 최고의 경제적 지식과 능력이 있었다는 것은 그녀가 그 지식과 능력을 쌓기 위해 최고의 노력을 기울였다는 의미다. 그렇다면 그녀는 왜 최고의 부를 얻기 위해 필사적인 노력을 기울였던 걸까? 이유는 간단하다. 돈은 곧 힘이기 때문이다.

나는 2007년에 출간한 《여자라면 힐러리처럼》에서 이렇게 말한 바 있다.

힐러리가 명석한 두뇌와 놀라운 야심에도 불구하고 경제적 능력이 없어서 남편의 월급에 의존해야 했다면, 지금의 힐러리가 존재할 수 있을까? 남편인 빌 클린턴에게 상상을 초월할 정도로 큰 영향을 끼칠 수 있을까? 힐러리는 클린턴보다 5~10배 정도 많이 벌었다. 그녀는 로즈 법률회사의 수석변호사였고, 월마트를 비롯한 다섯 개 법인회사의 이사로 활동했다. 게다가 그녀는 로즈 변호사들로 구성된 투자그룹의 리더였다. 반면 클린턴은 직업이 주지사 하나뿐이었다. 힐러리가 변호사 업무 하나만으로 연봉 17만 5천 달러를 받을 때 클린턴은 3만 5천 달러를 받았다. (……)

재미있는 사실은 힐러리와 클린턴 두 사람이 서로에게 미친 영향은 두 사람이 번 돈에 비례했다는 점이다. 클린턴이 10~30만 원을 벌 때 힐러리는 100만 원을 벌었다. 그래서 힐러리는 언제나 클린턴에게 100퍼센트의 영향력을 미쳤다. 하지만 클린턴은 힐러리에게 고작 10~30퍼센트의 영향력을 미쳤을 뿐이다. 이 사실은 다음 두 가지 메시지를 담고 있다.

첫째, 힐러리처럼 뛰어난 여자라도 남자보다 많은 돈을 벌어야 비로소 남자에게 진정한 영향력을 미칠 수 있다.

둘째, 클린턴처럼 대단한 남자라도 자신보다 많은 돈을 버는 여자 앞에서는 한없이 약해진다. 힐러리는 이 사실을 아주 잘 알았기 때문에 남편보다 많은 돈을 벌기 위해 그토록 노력했던 것이다.

이쯤에서 묻고 싶다. 당신에게는 경제적 지식과 능력이 있는가? 부도 위기에 몰린 국가를 구할 정도의 지식과 능력을 말하는 게 아니다. 당신 자신과 가족을 존엄을 지킬 수 있을 정도의 경제적 지식과 능력을 갖고 있느냐는 의미다.

혹시 이 질문에 "나는 아직 학생인데", "나는 이제 사회 초년생인데", "나는 아직 결혼도 안 했는데" 이런 식의 변명을 자신도 모르게 했는가. 만일 그렇다면 당신은 언젠가 이런 식의 한탄을 하게 될 것이다.

"벌써 10년차 직장인인데 나는 왜 이다지도 가난하단 말인가!"

"돈 좀 벌어보자고 사회에서 그토록 구르고 굴렀는데 왜 나는 대출 이자 내기도 버겁단 말인가!"

"돈 없는 결혼 생활은 가히 현세의 지옥이라 할 만하구나. 도대체 나는 언제쯤 이 지옥에서 벗어날 수 있을까!"

돈 앞에서 초라해지고 비참해지지 않으려면, 당당하고 자신감 넘치는 여자가 되려면 어떻게 해야 할까?

'철의 여인'이라 불리는 영국 최초의 여성 총리 마거릿 대처는 장기 불황의 늪에 깊이 빠져든 나머지 사망 직전까지 간 영국 경제를 살려낸 인물이다. 그녀의 모습은 마치 현대의 클레오파트라를 연상시킨다.

마거릿 대처는 영국 경제를 살리기 위해 특별한 전략을 썼다. 그것은 Do It Yourself, 즉 "네 돈은 네 스스로 벌어라"였다. 그녀는 이렇게 말했다.

"단 1페니도 하늘에서 그냥 떨어지는 법이 없다. 스스로 벌어라. 이마에 땀을 흘려라. 그것만이 너를 새롭게 만들어 줄 것이다."

이는 무슨 의미인가. 만일 당신이 스스로 벌지 않은 돈을 쓰고 있다면, 당신은 지금 낡고 초라해지고 있다는 것이다. 더 실질적으로 말하면 스무 살이 넘었는데도 아직 학생이라 학교 공부에 집중해야 한다는, 취직 시험 준비 때문에 도무지 다른 일은 신경 쓸 수 없다는 그런 허울 좋은 핑계 아래 수업료든 생활비든 용돈이든 부모님의 돈을 가져다 쓰고 있다면, 당신은 이미 실패가 예약된 사람이다.

물론 이런 반론을 제기할 수도 있다.

"내 옆의 이십 대 여자들은 모두 나처럼 부모님의 돈을 받아서 생활하고 있다. 스스로 돈을 벌면서 학교 공부도 하고, 취직 시험 준비도 하는 이십 대 여자가 도대체 몇 명이나 되겠는가. 그런 소수의 사례를 나에게 강요하지 마라. 난 그저 평범한 여자일 뿐이다."

그렇다면 평범한 이십 대 여자들이 맞이하게 되는 미래를 한번 생각해보자. 최근 우리나라에서 발표된 통계 자료에 따르면 우리나라 노인 다섯 명 중 세 명이 빈민이다. 나머지 두 명은 부자일까? 아니다. 언제든지 빈민으로 추락할 수 있는 위태로운 경제 상황에 처해 있다.

주목할 만한 사실은 여성 빈민 노인의 수가 압도적으로 많다는 것이다. 여성의 경우 보통 남편의 경제력에 의지하는데 남편은 아내보다 일찍 사망하고, 아내는 적게는 수년 많게는 20년 넘게 홀로 살기 때문이다. 정말, 정말 이런 말은 하고 싶지 않지만, 모두를 위해 진실을 밝히겠다.

"우리나라의 평범한 이십 대 여자가 맞이하게 되는 미래, 그것은 늙고 병든 몸으로 홀로 견뎌내야 하는 빈민의 삶이다."

두려운 사실은 현재의 이십 대가 노인이 될 무렵엔 평균 수명이 지금보다 최소 20년쯤은 늘어나 있을 것이라는 점이다. 이는 무슨 의미인가. 우리나라 노인 세대는 보통 10~20년 정도 빈민의 삶을 사는데, 이 글을 읽고 있는 당신은 30~40년 정도 빈민의 삶을 살게 될 수 있다는 뜻이다.

우리나라의 20년 뒤 미래라고 일컬어지는 일본의 현재 모습은 충격적이다 못해 공포스럽다. 일본에는 무려 300만 명 넘는 노인들이 빈민의 삶을 살고 있다. NHK 스페셜 제작팀이 만든 다큐멘터리 〈노인표류사회-'노후파산'의 현실〉에 따르면 이 노인들의 간절한 소망은 "빨리 죽는 것"이다. 여기에 대해 자세히 알고 싶은 사람은 《장수의 악몽, 노후파산》이라는 책을 읽어보기 바란다.

현실은 암울하고 미래는 절망적이다. 하지만 당신이 이 제부터라도 평범한 여자의 삶을 거부하고 특별한 여자의 삶을 선택하면 현실은 달라지고 미래는 희망으로 가득 찬다. 특별한 여자의 삶은 특별한 정신을 가져야만 살 수 있다. 특별한 정신은 특별한 꿈, 특별한 독서, 특별한 만남 등 여러 가지 특별한 요소들이 결합하여 만들어진다.

이 모든 특별한 요소들의 밑바닥에는 "Do It Yourself!" 가 있다. 스스로 특별한 꿈을 설계하고, 스스로 특별한 책을 읽고, 스스로 특별한 만남을 만드는 것. 이를 경제에 적용하면 앞에서 이야기했듯이 내가 쓸 돈은 내 스스로 버는 것이다. 그래야 돈을 번다는 게 얼마나 힘든 일인지 알게 되고, 돈에 대해 절실함을 갖게 된다. 한마디로 부자의 사고방식을 갖게 된다.

부자의 사고방식을 가지면 부자가 될 수밖에 없는 행동을 하게 되어 있다. 그 행동들이 쌓이고 쌓여서 물질적 형태로 나타난 것, 그것을 우리는 '부'라고 부른다.

당신이 이십 대에 반드시 가져야 할 것, 그것은 부자의 사
고방식이다.

문제는 흙수저가 아니다

J는 이제 서른네 살이지만 오피스텔을 여러 채 가지고 있고, 아파트도 두 채나 소유하고 있다. 희한한 사실은 정작 J는 원룸에서 살고 있다는 것이다. 물론 원룸도 J의 소유다. 오피스텔들과 아파트들은 전부 월세를 받고 있다. 월 임대 수익이 어느 정도냐는 내 질문에 그녀는 이렇게 대답했다.

"유럽에 가서 한 달 정도 신나게 놀다 올 수 있을 정도는 되는 것 같아요."

오피스텔이나 아파트에 살지 않고 왜 원룸에 사느냐는 질문에는 이렇게 답했다.

"제가 가지고 있는 부동산 중에 월세가 가장 싸니까요.

그런 곳엔 당연히 제가 살아야죠. 전 거주가 아닌 수익 창출을 위해 부동산을 샀으니까요."

어떻게 해서 젊은 나이에 이토록 많은 부동산을 갖게 되었느냐, 혹시 아버지가 금수저는 아니냐는 질문에는 살짝 억울한 표정으로 이렇게 답변했다.

"아빠가 금수저라면 제가 원룸에서 살 이유가 없겠죠. 전 가난이 얼마나 무서운지 잘 알아요. 그래서 미래의 부를 위해 현재의 안락함을 포기했죠. 스무 살 때 독립했는데, 그때부터 이런 마인드로 살았어요. 전 커피도 안 마시고 외식도 안 하고 샴푸, 비누, 화장품 등도 스스로 만들어서 써요. 물도 회사 정수기에서 받아온 걸 냉장고에 채워두고 마시죠. 반찬도 구내식당에서 싸온 걸로 해결하고요. 퇴근하면 보통 부동산 관련 공부를 하는데 잠들기 전엔 약해지려는 마음을 다잡기 위해서 책을 읽어요. 주말이나 공휴일엔 다리가 퉁퉁 붓도록 부동산을 보러 다니고요. 텔레비전도 안 봐서 요즘 인기 있는 연예인이 누구인지도 몰라요. 대신 부동산 업계에서 유명하신 분들은 잘 알죠. 뭐 그분들이 제겐 연예인인 셈이라고 할 수 있겠네요. 이런 제 삶, 많이 팍팍해 보이죠? 그런데 어쩔 수 없어요. 가난한 집에서 태어난 아이가 부자가 되려면 이 방법밖에 없다고 믿으니까요. 뭐 그렇다고 제가 1년 365일 이렇게 사는 건 아니에요. 휴가 땐 남자친구랑 유럽으로 날아가서 돈 생각 안 하고 확실하게 놀다 와요."

임대 수익이 회사 월급보다 몇 배나 많은데 굳이 회사를 다니는 이유가 뭐냐는 질문에는 이렇게 대답했다.

"제가 월급을 이것저것 떼고 180만 원 정도 받는데요. 월세로 180만 원을 받으려면, 매매가로 3억 원 이상 되는 오피스텔이 있어야 해요. 그냥 단순히 월급으로 생각하면 적은 돈이지만, 월세로 생각하면 큰돈이죠. 뭐 그렇다고 꼭 돈 때문에 다니는 것은 아니에요. 나름 배우는 것이 많으니까요. 그리고 주변에 보니까 부동산 투자에 맛을 들인 나머지 다니던 직장도 때려치우고 부동산 시장에 뛰어든 사람들은 결국 투기 쪽으로 흘러가서 재앙을 만나더라고요. 그래서 전 회사만큼은 열심히 다니려고 해요. 제 자신을 지키기 위해서라도 말이죠."

어떻게 해서 부자의 사고방식을 갖게 되었느냐는 질문에는 이렇게 답변했다.

"제가 사춘기 때 돈 때문에 속상한 일을 많이 겪고 부자가 되겠다는 결심을 했어요. 그런데 가난한 집에서 태어난 애가 어떻게 돈 버는 법을 알겠어요. 그저 아르바이트나 하면서 푼돈을 모을 뿐이었죠. 지금 생각해보면 그 푼돈도 부자의 사고방식으로 접근했다면 목돈으로 만들었을 테고, 그 목돈을 기반으로 작은 아파트라도 한 채 살 수 있었겠지만요. 아무튼 고지식하게 푼돈만 모으고 있었는데, 어느 날 '이건 아니다!'라는 생각이 들더라고요. 이렇게 푼돈만 모으다가는 절대로 부자가 될 수 없겠더라고요. 그때부터 재테크 책을 미친 듯이 읽었어요. 재테크 모임에도 나가기 시작했죠. 또 그때부터 자수성가한 부자들을 쫓아다녔어요. 특히 저처럼 가난한 집에서 태어났지만 대형 건물을 몇 채씩 소유한 부자가 된 아줌마들이랑 할머니들을 열심히 쫓아다녔죠. 그들의 비결을 알면 저도 가능성이 있다고 생각했으니까요. 그런데 당황스럽게도 그들에게선 어떤 비결도 찾을 수 없었어요. 그들은 누군가에게 비결을 배워서 부자가 된 게 아니라 자기 스스로 부자가 된 사람들이었으니까요. 그러다 보니 비결을 가르쳐준다는 게 고작해야 '그냥 길을 가다 보면 발바닥에 찌르르 하고 전류가 흐르는 것 같은 느낌을 주는 건물이 있어. 난 그런 건물은 무조건 사. 그런 건물은 언젠가 반드시 두세 배 이상 오르거든'이라든가, '발품밖에 없어. 어느 지역이든 발품을 열심히 팔다 보면 답이 나와. 어떤 건물을 사야 할지. 그걸 사면 돼. 되게 쉬워!' 같은 이야기가 전부였어요. 한마디로 남에게 기대지 말고 스스로 부자가 되어야 한다는 게 그들의 가르침이었죠. 물론 처음엔 그 가르침이 이해가 되지 않았어요. 비법을 가르쳐주기 싫어서 그런 말도 안 되는 소리를 한다고까지 생각했지요. 하지만 그런 가르침을 계속 접하다 보니 나중엔 믿어지더라고요. 결국 부자들을 쫓아다니는 일을 그만두었고, 부자 되는 비법을 스스로 터득하기로 굳게 결심했어요. 아르바이트를 그만두고 정식으로 취직했고, 월급을 모아 종잣돈 1천만 원을 만들었어요. 그 돈으로 6천만 원짜리 빌라 하나를 경매로 낙찰 받아서 전세를 놓았고, 또 다른 빌라를 그렇게 하고……. 그렇게 빌라를 몇 년 하다가 아파트로 넘어갔고, 오피스텔도 사게 되었어요. 지금은 건물로 넘어가려고 하고 있고요."

이십 대 후배들에게 부자의 사고방식을 갖는 법에 대해

조언을 해달라고 하자 이렇게 답했다.

"부자의 사고방식은 결국 자기 자신에 대한 믿음인 것 같아요. 비록 흙수저 집안에서 태어났더라도, 내 통장에 돈이 한 푼도 없어도 얼마든지 부자가 될 수 있다고 믿는 것이죠. 그래야 앞으로 나아갈 수 있어요. 그리고 부를 향해 전진하다 보면 어떻게든 부를 소유하게 되는 것 같아요. 그게 금수저 집안에서 태어난 여자에게는 강남에 있는 건물 몇 채일 수 있겠지만 저 같은 흙수저 집안에서 태어난 여자에게는 오피스텔 몇 개일 수 있겠죠. 전 부의 크기는 그리 중요하지 않다고 생각해요. 부를 소유할 수 있다고 믿고 실제로 부를 조금씩 소유하는 것, 그게 진정한 부자의 사고방식이라고 생각해요."

내가 만난 부자들은 모두 J와 같은 사고방식을 가지고 있다. 흙수저 집안에서 태어난 사람이든 금수저 집안에서 태어난 사람이든 말이다. 뭐랄까, 흙수저 집안에서 태어난 사람은 J처럼 이십 대에 부자의 사고방식을 갖게 된 뒤에 실제로 30대에 부자가 되고, 금수저 집안에서 태어난 사람은 J처럼 부자의 사고방식을 갖게 된 뒤에 부모에게 물려받은 부를 지키고 그 부를 더 크게 성장시킨다고나 할까.

어떤 사람은 의아해할지도 모르겠다. 금수저 집안에서 태어난 사람은 원래 부자의 사고방식을 갖고 있는 것 아니냐고 하면서 말이다. 그건 틀린 생각이다. 물질적 부는 유전될 수 있지만 정신적 부, 즉 부자의 사고방식은 유전이 되지 않는다. 대표적으로 한국의 재벌 3세들을 보라. 그들은 자신들의 부모보다 큰 부를 쌓지 못했다. 심지어는 물려받은 대기업을 말아먹은 사람들도 있다. 다 부자의 사고방식을 갖지 못했기 때문이다.

클레오파트라의 이야기로 마무리하자. 클레오파트라는 비록 왕궁에서 태어나고 자랐지만 돈이 없었다. 반면 그녀의 아버지와 언니들은 돈이 많았다. 아니, 이집트 최고의 재벌이었다. 그런데 클레오파트라와 달리 그들에게는 부자의 사고방식, "Do It Yourself!"가 없었다. 그리하여 그들은 자신들도 가난해지고 빚쟁이로 전락한 것은 물론이고 국가 경제까지 파산으로 몰아갔다. 클레오파트라는 "Do It Yourself!"의 정신으로 스스로를 세계적인 재벌로 만들었고, 국가 경제까지 반석 위에 올려놓았다.

지금 당신에게 필요한 것은 클레오파트라의 "Do It Yourself!"다.

그러니 이제부터 당신이 쓸 돈은 당신 스스로 벌어라.

부디 이십 대를 돈만 쓰다가 보내지 마라.

부를 축적하면서 보내라.

다른 누가 아닌 당신 자신을 위해서.

클레오파트라의 재테크

클레오파트라가 살았던 시대는 왕조 시대였다. 왕의 생각
이 곧 국가의 생각이고, 왕의 말이 곧 국가의 법이고, 왕의
삶이 곧 국가의 역사인 시대였다. 그러나 제아무리 대단한
왕이라 할지라도 자본이 없다면, 관리들과 백성들을 먹여
살리는 경제력이 없다면 허수아비에 불과했다. 아니, 왕좌
에서 쫓겨났다. 이렇게 놓고 보면, 왕조 시대의 본질은 자
본주의였다.*

클레오파트라는 이 사실을 잘 알았다. 하여 그녀는 여왕

---

* 물론 당시에는 자본주의라는 말이 없었다.

재위 기간 내내 자본을 축적하기 위해 애썼다. 클레오파트라가 애용했던 자본 축적 방법은 부동산이었다. 키프로스, 시리아, 아르메니아, 리비아, 키레나이카, 북시리아, 페니키아, 리비아, 실리시아…… 그녀가 이집트 경제를 안정시킨 뒤에 획득한 부동산들이다.*

클레오파트라는 이 부동산들을 통해 막대한 수입을 거두었는데 이로 인해 그녀는 고대 지중해 세계에서 가장 부유한 사람 중 한 명이 될 수 있었다. 이집트도 가장 부유한 국가 중 하나가 되었음은 물론이다.

클레오파트라의 재테크를 분석하면 다음과 같은 순서를 밟았음을 알 수 있다.

첫째, 자신의 경제적 지식과 주변 경제 전문가들의 지식을 활용, 이집트의 경제 구조를 파악한다.

둘째, 빚은 나날이 늘지만 수입은 나날이 줄어드는 이집트의 경제 구조를 바꾸기 위해 화폐 가치를 급격하게 떨어

---

* 정확한 표현은 부동산이 아니라 '영토'다. 그러나 여기서는 클레오파트라에게서 추출한 재테크 방법을 다루고 있기에 '부동산'이라 표현했다. 클레오파트라는 자신에게 푹 빠진 로마 장군 안토니우스를 움직여서 이집트가 가장 강대했던 시절의 영토를 대부분 회복했다. 그리고 그 영토들에서 나오는 수입으로 이집트를 부강한 국가로 만들었다.

뜨리고 강제 공채를 발행하는 등 혁명적인 금융 조치를 단행한다.

셋째, 경제 구조의 혁명을 통해 급격히 안정된 이집트 경제를 부의 반석 위에 올려놓기 위해, 돈이 돈을 버는 시스템을 만든다. 즉 부동산을 최대한 많이 확보한 뒤 여기서 나오는 천문학적인 수입을 통해 경제적 번영의 길로 나아간다.

클레오파트라의 재테크 방법은 세계적인 기업들과 한국의 재벌들이 애용한 것이기도 하다. 대표적으로 맥도날드와 삼성은 여러 혁명적인 조치를 단행, 경제 구조를 안정시킨 뒤 사업을 전 세계로 확장했는데 이 과정에서 가장 열심히 한 일이 자국 및 해외 주요 도시의 부동산을 마구 사들이는 것이었다. 그리하여 맥도날드와 삼성의 진짜 사업은 부동산이라는 비아냥거림까지 듣고 있는 실정이다.

클레오파트라의 재테크 방법을 오늘날 한국의 이십 대 여자에게 적용한다면 어떤 모습일까. 나는 다음과 같을 수 있다고 생각한다.

첫째, 책, 강의, 스터디 등 여러 경로를 통해 경제적 지식을 쌓고, 여러 명의 경제 멘토를 둔다.

둘째, 나의 경제적 지식과 멘토들의 조언을 통해 나와 우리 집의 경제 구조를 파악하고, 경제 구조를 안정시키기 위한 혁명적인 조치들을 단행한다. 굳이 쓰지 않아도 되는 돈들이 다달이 빠져나가는 구조를 파괴하고, 빚을 정리하기 시작하고, 예금을 하기 시작하고, 취업 등 여러 경로를 통해 돈이 들어오는 구조를 만들고 등등. (경제 구조를 바꾸는 실질적인 방법들은 경제적 지식을 쌓다 보면 자연스럽게 알게 된다.)

셋째, 돈이 돈을 버는 시스템을 만드는 데 총력을 기울인다. 아파트, 상가 건물, 땅, 채권 등등. (여기에 대한 것 역시 경제적 지식을 쌓다 보면 자연스럽게 알게 된다.)

어떤 독자들은 많이 당황스러울 수 있겠다. 고대 이집트나 현대 한국이나 재테크의 끝은 결국 부동산이었다니 하면서 말이다. 우울하지만 사실이다. 인류 역사를 통틀어 가장 강력한 재테크 수단이 무엇이었는지 살펴보라. 부동산이다. 무슨 부동산 투기를 하라는 말이 아니다. 지금은 과거와 달라서 부동산에 투자한다고 해서 무조건 돈을 벌 수 있는 시대가 아니다. 오히려 잘못하면 투자한 돈을 다 날리고, 하루아침에 거지가 될 수 있다. 나는 어느 시대나 본질은 자본주의이고, 자본주의의 핵심은 돈이 돈을 버는 것인데, 이 시스템의 정점에는 부동산이 있다는 사실을 알고는 있어야 한다는 의미로 이 말을 하고 있다.

21세기 한국은 자본주의가 제도화되어 있다. 클레오파트라 시대처럼 자본주의가 왕정제도 뒤에 조용히 숨어 있지 않다. 자본이 모든 것이고, 자본이 있다면 무엇이든 할 수 있다고 명문화되어 있는 시대, 그게 바로 오늘날 우리가 살아가고 있는 21세기 한국이다.

이는 무엇을 의미하는가. 자본주의에 적용하지 못하는 한국인은 제아무리 열심히 살아도 뒤처지다가 결국 도태된다. 참으로 사악한 사회다. 그런데 어쩌란 말인가. 지금 이 순간에도 자본의 거대한 수레바퀴는 숨 가쁘게 돌아가고 있는데. 정신 차리지 않으면 수레바퀴에 깔리고 마는데.

앞에서도 말했지만 자본주의의 핵심은 돈이 돈을 버는 것이다. 노동으로 돈을 버는 것은, 제아무리 많은 돈을 벌더라도 자본주의가 아니다. 그것은 노동주의일 뿐이다. 안타까운 사실은 너무 많은 사람들이 단지 노동으로 경제적 안정을 얻으려고 하고 있다는 점이다. 대표적으로 명문대를 나와서 의사나 판검사가 되려고 한다. 공무원이 되거나 대기업에 입사하려는 것도 마찬가지다. 그런데 의사, 판검사, 공무원, 대기업 사원 등은 지식 노동자일 뿐 자본가가 아니다.

자본가는 병원을 설립해서 의사들을 고용하고, 로펌을 만들어서 판검사 출신 변호사들을 고용하고, 기업을 창업해서 명문대 출신 사원들을 고용하는 자다. 또는 건물을 의사, 변호사, 대기업 출신 창업자 등에게 임대하고 임대료를 받는 자다. 그러니까 자본주의는 이런 자본가들을 위해 존재하는 제도다. 절대로 노동자를 위해 존재하는 제도가 아니다. 지식 노동자든 육체 노동자든 말이다.

때문에 이십 대에 세운 인생의 목표가 월급을 많이 받거나 경제적으로 안정적인 지식 노동자가 되는 것이라면 언젠가 거대한 경제적 불행을 만날 가능성이 매우 높아진다.

대표적으로 의사를 보자. 2015년에 국회 보건복지위원회에서 발표한 자료에 따르면 우리나라 병·의원은 신규 개업 수 대비 70퍼센트 이상이 폐업하고 있다. 구체적인 폐업률은 성형외과 96.42퍼센트, 소아청소년과 85.47퍼센트,

신경과 83.33퍼센트, 외과 70.73퍼센트, 일반의 76.29퍼센트 등이다. 알다시피 의사는 우리나라에서 가장 안정적인 직업이자 가장 돈을 많이 버는 직업으로 손꼽히고 있다. 그런데 자료가 보여주는 현실은 사뭇 다르다. 의사들이 평생 모은 돈에 은행 빚까지 끌어들여서 개업한 병·의원이 너무 쉽게 망하고 있다.

도대체 왜 그럴까? 이유는 간단하다. 병·의원에 취직해서 의사로 일하는 것은 노동자의 마인드만 갖고 있으면 충분하지만 병·의원을 개업해서 경영한다는 것은 자본가의 마인드가 있어야 하는데, 대부분의 의사는 노동자의 마인드로 병·의원을 개업하고 경영하기 때문이다.

가장 잘나간다는 의사들도 자본가의 마인드를 갖지 못하면 망하는 길로 들어설 가능성이 높은데, 평범한 내가 자본가의 마인드를 갖지 못한다면 어떻게 될까? 물론 그렇다고 노동자의 마인드가 나쁘다는 의미는 아니다. 사실 노동자의 마인드는 아름답고 위대하다. 만일 인류에게 노동자의 마인드가 없다면 인류는 참으로 추악한 존재로 전락하고 말았을 것이다.

솔직히 말하면 지금 이 글을 쓰고 있는 나도 노동자의 마인드로 충만한 사람이다. 부동산 임대 소득 '0'인 사람이다. 하지만 앞에서도 말했듯이 우리는 자본의 시대를 살고 있다. 이 자본의 시대는 노동자의 마인드를 가진 사람들에게 자본가의 마인드도 가질 것을 요구하고 있다. 만일 그렇지 않으면 하루아침에 빈털터리, 아니 빚쟁이로 만들어버리겠다고 협박하고 있다.

한마디로 더럽고 악한 시대다. 과거에는 부자가 되고자 하는 사람만 자본가의 마인드를 가지면 되었는데, 이제는 모든 사람이 자본가의 마인드를 가져야 하기 때문이다.

어떤 사람들은 이렇게 말할지도 모르겠다.

"흙수저 집안에서 태어난 나더러 재테크를 하라니, 자본가의 마인드를 가지라니! 말도 안 된다. 그런 건 금수저 집안에서 태어난 사람에게나 가능한 것 아닌가?"

"자산은커녕 빚만 잔뜩 있어서 대출 이자 내기도 버거워하는 나에게 재테크라니 가당키나 한 소리인가?"

"월급 200만 원 받아서 이것저것 제하고 나면 월 10만 원도 안 남는데, 이런 내가 어떻게 돈을 모아서 재테크를 할 수 있단 말인가?"

"누군 건물주가 되기 싫어 이러고 사나? 가난한 집에서 태어난 나에겐 처음부터 불가능하기 때문에 그런 거지."

하지만 흙수저 집안에서 태어나 스스로의 힘으로 부를 일군 사람들은 전혀 다른 말을 한다.

"지금 이 순간에도 자본가의 마인드를 갖고 재테크를 시작, 부의 길로 들어서고 있는 흙수저 집안 출신들이 많다. 그리고 자본가의 마인드를 갖지 못해 돈 관리에 실패하고 가난의 길로 들어서고 있는 금수저 집안 출신들이 많다. 부모가 돈을 물려줄 수는 있지만 자본가의 마인드와 재테크 능력까지 물려줄 수는 없다. 흙수저 집안 출신들에 비해 금수저 집안 출신들이 심히 유리한 것은 사실이다. 그렇지만 그것이 내가 부자가 될 수 없는 이유가 되지는 않는다."

"흙수저 집안에서 태어나 부자가 된 사람들도 다들 처음엔 빚에 시달리던 사람들이었다. 자본가의 마인드라든가 재테크 같은 것은 관심조차 없던 사람들이었다. 하지만 언제까지나 이렇게 돈에 쫓기면서 살 수는 없다고 결심하고 절실한 마음으로 제대로 된 돈 공부를 시작한 결과 빚을 청산하고 재테크를 시작할 수 있었다."

"연봉 1억을 받고도 돈 관리를 못해 경제적으로 위태로운 노후를 보내고 있는 사람들이 의외로 많다. 반면 연봉 2천만 원을 받고도 돈 관리를 잘해 경제적으로 안정적인 노후를 보내고 있는 사람들 또한 의외로 많다. 물론 연봉은 많이 받을수록 좋다. 하지만 현재의 높은 연봉이 경제적으로 편안한 노후를 보장해주지 못한다. 시장 한 귀퉁이에서 평생 김밥을 팔던 할머니가 대학에 수십억 원을 기부했다는 기사를 접한 적이 있을 것이다. 만일 높은 수입이 재테크의 핵심이라면 김밥 할머니의 미담은 존재할 수 없었을 것이다. 핵심은 돈 관리 능력이다. 제아무리 적은 월급을 받더라도 돈을 관리하는 법을 배운다면 부를 쌓을 수 있다."

"돈이 없어서 부자가 되지 못하는 게 아니다. 나는 가난한 집안에서 태어났기 때문에 절대로 부자가 될 수 없다는 생각 때문에 부자가 되지 못하는 것이다. 부모의 도움 없이 스스로의 힘으로 부를 일군 사람들이 재테크를 처음 시작하는 사람들에게 이구동성으로 조언하는 말이 있다. '땅이든 건물이든 금이든 은이든 주식이든 채권이든 당신을 부자로 만들어줄 수 있는 것은 무엇이든지 가질 수 있다고 믿어라. 그래야 실제로 갖게 된다'."

당신은 어느 쪽에 속하고 싶은가.

시도해보지도 않고서 '나는 안 된다'라고 말하는 쪽인가, 아니면 그 반대인가.

나는 당신이 클레오파트라가 걸어간 길을 걸었으면 좋겠다. 온 힘을 다해 쌓은 경제적 지식과 능력을 활용해서 자기 자신과 집은 물론이고 기득권 세력이 만든 잘못된 경제 구조로 인해 고통받고 있는 많은 사람들을 구할 수 있는 경제적 영웅이 되었으면 좋겠다. 클레오파트라처럼 경제적으로 깨어난 이십 대가 많아질수록 이 나라의 미래가 밝다고 믿기 때문이다.

강한 의지의 힘

J는 고등학교를 졸업하고 서울 마포로 올라와 전 직원이
아홉 명인 작은 회사에서 사회생활을 시작했다. 당시만 해
도 그녀는 몇 년 동안 직장을 다니면서 대학 등록금과 결혼
자금을 모은 뒤 대학에 들어갈 계획을 가지고 있었다.

J가 사직 의사를 밝힌 날, 회사는 담담한 분위기였다. 대
학에 합격하면 떠날 사람이라는 사실을 모두가 잘 알고 있
었기 때문이었다. 마침 한 해가 끝나가는 때였던지라 그녀
의 송별회는 망년회를 겸해 이루어졌다.

J는 회사에 다니는 몇 년 동안 사장의 속사정이 심히 궁
금했다. 회사는 겨우 이익을 내고 있는 상황인데 사장의 자

동차는 벤츠 S클래스였고, 자녀들은 모두 미국에 유학 중이었고, 아내는 백화점을 제집 드나들듯 다니고 있었다. 그렇다고 사장이 부잣집 출신도 아니었다. 사장은 J보다 더 낙후된 지방에서 무일푼으로 상경, 한 제약회사에서 영업사원으로 일하다가 창업했기 때문이었다. J는 사장의 비결이 늘 궁금했지만 감히 물어볼 수 없었다. 사장은 그만큼 어려운 사람이었다.

송별회 겸 망년회가, 아니 술판이 무르익어갈 무렵 시끌벅적한 음식점 창문 밖으로 흰 눈이 그림처럼 쏟아지기 시작했다. 그때 대머리 사장이 소주병을 들고 그녀 앞으로 왔다. 그리고 잔을 채워줬다. 이때 J는 혀가 꼬부라진 소리로, 자신의 인생을 송두리째 바꾸게 될 질문을 사장에게 던지고 말았다.

"사장님, 제가 진짜 궁금해서 그러는데, 사장님은, 회사 경영도 못하면서 뭔 돈이 그렇게 많아요?"

그러자 사장이 씩 웃으면서 이렇게 대답했다.

"와이프가 돈을 불리는 재주가 있거든. 처음엔 사소하게 시작했어. 지방의 열세 평짜리 주공 아파트였지. 그걸 전세로 내놓고 대출을 받아 또 다른 아파트를 사고 그렇게 재산을 불려가다가 자신처럼 재테크에 열을 올리는 사람들과 법인회사를 차려서 본격적으로 빌라 건축 사업에 뛰어들었지. 아마 한 10년 정도 그 일을 했을 거야. 그때 번 돈으로 소형 건물을 몇 채 샀지. 몇 년 뒤 다 처분하고 급매로 나온 대형 건물을 샀고. 덕분에 월세가 장난 아니게 나온다네."

그러고는 투명한 안경알 너머로 두 눈을 날카롭게 빛내면서 이렇게 물었다.

"그런데 자네, 내가 왜 자네에게 이렇게까지 자세하게 말해주는 지 아나?"

순간 J는 간이 콩알만 해졌다. 술기운에 사장에게 말을 함부로 했는데 그로 인해 사장이 화가 난 것 같았기 때문이었다. 이러다가는 퇴직금을 제때 못 받을 것만 같아 그녀가 속으로 불안해하는데 사장이 이렇게 말했다.

"만일 내가 자네라면 그동안 고생해서 모은 돈을 학비로 쓰진 않겠어. 대신 그 돈으로 재테크를 시작할 거야. 그럼 4년 뒤에 자네는 부자가 되어 있을 걸세. 반면 학비로 써버린다면 자네는 가난해져 있겠지. 그것도 지금보다 훨씬. 아마도 자네는 대학을 졸업하고 결혼하겠지. 남편은 십중팔구 평범한 직장인일 거야. 자네가 우리 회사에서 받은 월급보다 조금 더 많이 받는 정도겠지. 아마도 자네는 결혼하자마자 아이를 갖게 될 테고, 경제 활동을 전혀 하지 못하게 되겠지. 오직 남편의 월급으로 가정을 꾸려나가게 될 거야. 그런데 자네에게는 재테크 지식이 없으니까 남편이 월급을 가져오는 족족 다 써버리게 될 거야. 그게 젊은 부부들이 자기도 모르게 지게 되는, '가난'의 굴레라네. 가슴 아픈 이야기지만, 참으로 많은 젊은이들이 그 가난의 굴레를 평생 지고 살다가 자녀에게 물려준다네. 난 자네가 그렇게 살지 않았으면 좋겠어."

J는 사장의 말뜻을 이해하지 못했다. 오히려 '역시 우리 사장은 이상한 사람이야!' 이렇게 생각했다. 얼마 뒤 그녀는 사직서를 제출하고 대학에 들어갔다. 그런데 한 학기도 다니지 못하고 중퇴를 선택하고 말았다. 이유는 간단했다. 학교 공부를 따라가기가 너무 힘들었고, 인문계를 졸업하고 바로 대학생이 된 철없는 아이들과 섞이기가 쉽지 않았다. 무엇보다 대학 공부의 목적이 결국은 취직이라는 현실을 받아들이기 힘들었다. 뭐랄까, 그녀는 할리우드 영화 속에서 보았던 그런 대학 생활을 꿈꾸었는데, 현실 속에서 만난 대학은 그저 고등학교의 연장에 불과한 느낌이었다고나

할까. 아무튼 그녀에게 대학은 한 학기도 안 되어서 심히 피로하고 무의미한 공간이 되었다.

자퇴서를 내면서 그녀는 결심했다. 통장에 남아 있는 돈으로 재테크를 시작하기로. 그리고 반드시 부자가 되기로. 그녀는 자신의 결심을 현실로 만들었다. 지금 사십 대 중반인 그녀의 자산은 200억대 규모로 추정되고 있다. 다음은 내가 그녀와 나눈 대화를 정리한 것이다.

"이십 대 여성들에게 꼭 해주고 싶은 말이 있다면요?"

"지금 당장 재테크를 시작해야 합니다. 많은 여성들이 이십 대를 그저 흘려보내기 바쁩니다. 이십 대 초반은 학교에서, 중후반은 직장에서 정신없이 보냅니다. 그러다가 서른을 맞이하고, 시들어가지요. 이십 대는 인생에서 가장 빛나는 시기입니다. 뭐든 가장 잘 배울 수 있는 시기이지요. 저는 여성들이 그 빛나는 시기에 돈에 관한 공부를 하지 않는 것을 이해할 수 없습니다. 그건 결론적으로 자신을 망하게 만드는 행위이기 때문이지요."

"많은 여자들이 서른 이후에 시들어간다는 표현을 하셨는데, 돈이 없다고 꼭 불행한 것은 아니지 않을까요?"

"여자는 돈이 있어야 합니다. 그래야 자신을 아름답게 꾸밀 수 있고, 세상을 당당하게 살아갈 수 있습니다. 반면 돈이 없으면 자신을 아름답게 꾸밀 수 없고, 그 결과 자신감을 상실하게 됩니다. 물론 돈이 없다고 불행해지지는 않겠지요. 하지만 행복해지기도 어렵습니다. 이건 제 경험에서 나온 말입니다."

"이십 대에 재테크를 시작한다는 게 쉬운 일일까요? 재테크도 결국 돈이 있어야 할 수 있는 것 아닌가요?"

"바로 그런 생각 때문에 부자가 되지 못하는 것입니다. 평범한 집안에서 자란 이십 대가 1억 원을 모으는 것은 참으로 어려울 것입니다. 하지만 1천만 원을 모으는 것은 그다지 어렵지 않습니다. 아르바이트를 1년 정도 한다면 누구나 모을 수 있는 돈이지요. 1천만 원은 매우 큰돈입니다. 이 돈으로 할 수 있는 재테크가 많지요. 관건은 1천만 원으로 얼마나 빨리 1억 원을 만드느냐입니다. 이걸 해낸다면 그 사람은 자산을 열 배로 불리는 방법을 터득한 것이지요. 이후에 1억 원을 10억 원으로, 10억 원을 100억 원으로 불리면 됩니다. 사실 재테크는 방법만 터득한다면 너무 쉬운 것이지요."

"1천만 원을 1억 원으로 불리는 방법을 알려주신다면요?"

"그건 스스로 터득하기를 권합니다. 저도 한때는 사람들에게 제가 터득한 방법을 열심히 알려주었습니다. 하지만 그들 중에 부자가 된 사람은 없습니다. 제가 알고 있는 부자들은 모두 자기만의 방법으로 부를 쌓았습니다. 부는 결국 의지의 문제입니다. 부자가 되겠다는 강한 의지를 가지면 방법은 저절로 따라옵니다."

"부자가 되겠다는 강한 의지란 무엇인가요?"

"내가 전혀 일하지 않아도 그러니까 1년 동안 세계 여행을 하고 돌아와도 재산이 크게 불어나 있는 그런 사람이 되겠다는 강한 의지를 갖고 실제로 그런 사람이 되기 위해 치열하게 노력하는 것입니다."

"금수저 집안에서 태어나지 않은 이상 그런 일이 가능할까요?"

"비록 흙수저 집안에서 태어났지만 얼마든지 부자가 될 수 있다고 믿는 사람에게는 가능한 일이지요. 제 지인은 최근에 이십 대 시절의 꿈을 이루었습니다. 그녀는 1년 동

안 세계 여행을 했지요. 워낙 화려한 걸 좋아하는 친구인
지라 여행 경비로 쓴 돈만 1억 원 가까이 되는 것으로 알고
있습니다. 한번 생각해보세요. 지금 삼십 대 후반인 그녀
는 1년 동안 일을 전혀 하지 않았습니다. 대신 1억 원을 썼
습니다. 지금 그녀의 재정은 어떤 상태일까요?"

"좋은 상태는 아닐 것 같습니다."

"틀렸습니다. 그녀의 재산은 1년 동안 3억 원 넘게 불었
으니까요. 아, 1억 원을 여행 경비로 썼으니 2억 원 넘게 불
었다고 하는 게 맞겠네요."

"어떻게 그런 일이 가능할 수 있습니까?"

"우리나라에서 유일하게 건물 값이 하루가 다르게 오르
는 지역이 있습니다. 서울 홍대와 그 인근이지요. 그녀는
아주 오래전에 홍대 인근의 낡은 상가 주택 한 채를 구입했
습니다. 당시에 이곳은 홍대 상권에서 소외된 곳이라 값이
오를 가망이 거의 없다고 알려진 곳이었습니다. 하지만 그
녀의 생각은 달랐습니다. 그곳이 언젠가는 이태원처럼 될
수 있다고 생각했지요. 그녀의 예측이 맞았습니다. 그 동네
가 뜨기 시작했지요. 덕분에 그녀의 건물도 값이 계속 올랐
죠. 지난 1년 동안만 3억 원 넘게 상승했다고 알고 있습니

다. 물론 지금도 계속 오르고 있고요. 최근에는 시세보다 두 배를 더 줄 테니 제발 팔아만 달라고 매달리는 중국인들도 나타났다고 합니다."

"젊은 나이에 서울 시내에 위치한 상가 주택을 구입할 수 있었을 정도라면 평범한 가정 출신은 아닌 것 같아 보이는데요."

"지극히 평범한 집안 출신입니다. 그녀도 이십 대 내내 평범한 직장을 다녔고요. 단 하나 특별한 점이 있다면 다른 이십 대들이 그저 돈을 벌기 위해 애쓸 때 그녀는 돈이 돈을 버는 시스템을 마련하기 위해 애썼다는 정도겠지요. 그리고 계획만 잘 짠다면 작은 상가 주택 하나 정도 마련하는 게 그리 어려운 일은 아닙니다. 제가 알기로 그녀도 이십 대 시절 내내 치열하게 모으고 불린 1억 8천만 원 정도를 투자해서 그 건물을 구입한 것으로 알고 있습니다. 나머지는 은행에서 대출을 받은 것으로 알고 있어요."

"대출은 위험한 것 아닌가요?"

"아무런 계획 없이 대출을 받으면 위험하지요. 보통 상가 주택 같은 경우 월세로 대출 이자 등을 충분히 감당할 수 있기 때문에 대출을 받는 것입니다. 그리고 시간이 지나면 건물 값이 오르지요. 잘못 사면 건물을 은행에 내줘야겠지만 제대로 공부해서 잘 산다면 건물 값 상승분이 대출 원금을 뛰어넘게 되지요. 한마디로 별다른 노력 없이 건물 한 채를 소유하게 되는 것입니다. 월세는 덤이고요. 이게 돈이 돈을 버는 시스템의 힘입니다. 저는 여성들이 이십 대에 이런 시스템을 만드는 법을 공부했으면 좋겠어요."

"그런 공부는 어렵기 때문에 안 하는 것 아닐까요?"

"드라마 보고, 화장품 사고, 구두 사고, 남자 만나는 것 등에 쓰는 시간과 노력과 정성의 절반만 들여도 누구나 재테크의 달인이 될 수 있습니다. 안 하니까 어렵게 느껴지는 것이지요."

"그래도 일반인에게 대출을 받아 건물을 사라고 하는 것은 매우 위험해 보입니다."

"위험해 보인다는 이유 하나로 계속 지금처럼 살아간다면 언젠가 정말 위험한 삶을 살게 되겠지요. 예를 들면 노후파산 같은 걸 겪을 수 있겠지요."

"요즘 언론 보도를 보면 앞으로 미국 금리 인상 등의 여파로 국내 부동산 시장이 얼어붙을 거라는 둥, 일본처럼 부동산 장기 침체 시대가 온다는 등 부정적인 보도 일색이던데요. 여기에 대해서는 어떻게 생각하세요?"

"자기 욕심에 빠진 나머지 감당하지 못할 빚을 내는 등 투기의 관점으로 부동산 시장에 뛰어든 사람들에게는 맞는 보도라고 생각합니다. 하지만 저처럼 오랜 시간 올바른 투자의 관점으로 부동산 시장에 몸담은 사람들에게는 틀린 보도일 수 있다고 생각해요. 왜냐하면 저희 같은 사람들은 국내 부동산 시장이 얼어붙는 바로 그때가 지금보다 몇 배 큰 부자가 될 수 있는 기회라고 생각하니까요. 그땐 정말이지 평소라면 감히 꿈도 꿀 수 없었던 멋진 건물들이 아주 저렴한 가격표를 달고 쏟아져 나올 거예요. 일본 이야기를 하는 사람들에게 이런 반문을 하고 싶어요. 만일 당신이 일본에 산다면 부동산 없이 살고 싶냐, 아니면 부동산을 많이 갖고 살고 싶냐고요. 백이면 백 후자를 선택할 거예요. 저는 언론 보도들을 이런 관점에서 판단한답니다."

"대표님은 재테크를 하면서 위험에 빠진 적 없었나요?"

"셀 수 없이 많지요. 솔직히 말해서 제가 잘못 투자해서 날린 돈만 30억 원 가까이 됩니다. 믿었던 사람들과 원수처럼 된 경우도 적지 않아요. 하지만 저는 그만큼 제가 성장했다고 믿습니다."

"왜 그런 위험에 빠지셨나요?"

"예전에는 세상이 악해서, 사람들이 나빠서라고 생각했습니다. 하지만 나이가 들고, 그동안 읽은 책들이 제 안에서 용해되어서 '지혜'라는 것이 되고, 요즘엔 인문학까지 공부하다 보니, 원인은 제게 있었다는 사실을 알게 되었어요. 결국 제가 돈 욕심에 빠져서 잘못된 판단을 내리고, 저처럼 돈 욕심에 빠진 사람과 거래했기 때문에 그렇게 되었다는 사실을 인정하게 되었다고나 할까요."

"이십 대 여성들에게 마지막으로 꼭 해주고 싶은 말이 있다면요?"

"책을 가까이 접하고, 인문학을 공부하고, 좋은 친구들을 사귀고, 여행을 자주 떠나세요. 그렇게 이십 대를 충만하게 보내세요. 그리고 남은 평생도 그렇게 충만하게 살 수 있게, 돈이 돈을 버는 시스템을 만드는 법에 대해서 공부하세요."

인문학 독서로 무장하라

클레오파트라가 국가를 구할 정도의 경제적 지식과 능력을 쌓은 배경에는 다음 세 가지가 있다.

첫째, 당시 서양 세계 최고의 독서가였다.

둘째, 인문학의 창시자라 불리는 키케로가 감탄했을 정도로 깊은 인문학적 지식을 소유했다.

셋째, 당시 서양 세계 최고의 경제적 감각을 가진 사람들, 그러니까 유대 상인들을 친구로 두고 있었다.

먼저 독서가 경제에 미치는 영향에 대해서 알아보자. 많은 사람들이 부자가 되려면 책을 읽을 시간에 돈을 벌어야 한다고 생각한다. 이는 굉장히 잘못된 생각이다. 아니, 이는 진짜 부자들을 만난 적이 없기 때문에 할 수 있는 생각이다.

현재 세계 최고의 부자는 빌 게이츠와 워런 버핏이다. 이 두 사람이 한 대학에서 함께 특강을 한 적이 있다. 이때 한 학생이 질문을 했다. 만일 초능력을 가질 수 있다면 어떤 능력을 원하느냐고 말이다. 이미 소문난 독서광인 두 사람은 이렇게 답했다.

"책을 빨리 읽는 능력을 갖고 싶습니다."

우리나라 최고 부자인 이건희는 삼성그룹 회장 시절 1년 평균 200권의 책을 읽었는데, 지금까지 어림잡아 1만 권 이상의 책을 읽었다고 한다. 이건희는 삼성 임원들에게 필독서를 지정해주고, 독후감을 쓰고 토론하고 책의 저자를 초빙해서 강의를 듣게 하는 것으로도 유명했다.

나는 지난 10여 년 동안 우리나라의 대표적인 재벌 3세들과 자수성가한 수천억대의 부자들을 비롯해 평범한 회사원이면서 부업으로 재테크를 해서 수십억대의 부를 쌓은 사람들까지 참으로 다양한 부류의 부자들을 만나봤다.

그들에게는 여러 공통점이 있었는데, 그중 하나가 책을

가까이 한다는 것이었다.* 특히 여성 재벌들이나 여성 CEO 들, 자수성가한 여자 부자들은 남성 재벌들이나 남성 CEO 들, 그리고 남자 부자들과는 비교도 되지 않을 정도로 치열하게 독서하는 사람들이었다.

책은 인간으로 하여금 생각하게 만들어준다. 그리고 자신을 돌아보게 해준다. 이런 이야기, 많이 들어봤을 것이다. 평생 모은 돈을 투자했는데 하루아침에 다 날리고 거지가 되었다는. 왜 그럴까? 생각하지 않고 투자했기 때문이다. 돈 욕심에 사로잡혀 망하는 길로 달려가는 자신을 돌아보는 시간을 갖지 못했기 때문이다.

많은 부자들이 이렇게 고백한다. 재테크를 처음 시작할 땐 독서의 필요성을 전혀 느끼지 못했는데, 돈을 크게 잃고 난 후 마음을 다스리기 위해 책을 읽기 시작했고, 돈을 크게 번 뒤에는 그 돈을 잃지 않기 위해 책을 더 열심히 읽게 됐다고.

클레오파트라도 마찬가지였다. 그녀는 고대 서양 세계 최고의 부자 중 한 명이 되기 전에도 열심히 책을 읽었지만

----

* 여기에 대해서는 황희철과 같이 쓴 《하루관리》에서 이미 밝힌 바 있다.

최고 부자의 반열에 오른 뒤에는 더 열심히 독서했다.

당신이 책을 읽기 시작한다는 것은 부자의 사고방식을 갖는다는 의미다. 오늘부터 책을 손에서 떼지 않아야 한다. 그래야 부자의 길로 들어설 수 있고, 힘들게 쌓은 부를 지킬 수 있는 정신적 능력을 가질 수 있다.

나는 한때 사회 밑바닥에서 신음하는 이십 대들에게 하루에 한 권씩 1년 동안 365권을 읽게 하는 프로젝트를 진행했었다. 다들 미쳤다고 이야기했지만 적지 않은 사람들이 제대로 따라주었다. 그리고 그들은 모두 성공했다.

대표적으로 한 이십 대는 이 독서 프로젝트를 시작한 지 3년 만에 억대 연봉을 돌파했고, 강남에 사업체를 차려 CEO가 되었다. 이외에도 평범한 여자에서 기업체 사장으로, 시의원으로, 교육자로, 빌딩 소유주 등으로 변화한 사례가 있다.

나는 당신에게 1년 365권 독서를 권하고 싶다. 만일 이게 어렵다면 1년 100권 읽기를 권하고 싶다. 최소한 100권은 읽어야 독서 내공이 생긴다. 그리고 독서 내공이 있어야 '생각하는 힘'을 가질 수 있다.

앞에서도 말했지만 부는 생각해야 얻을 수 있다. 그리고 자기 마음을 관리할 수 있어야 지킬 수 있다. 물론 독서하지 않고서도 사람이나 때를 잘 만나서 부자가 될 수도 있다. 하지만 그런 부는 모래 위에 지은 성에 불과하다. 위기가 닥치면 하루아침에 무너지고 만다. 생각 없이 얻은 부이기 때문이다. 진짜 부자들은 이 사실을 매우 잘 알고 있다. 그래서 그들은 하루라도 책을 읽지 않으면 망한다는 위기의식을 가지고 치열하게 독서하고 있다. 그러니 당신도 독서해야 한다. 뜨겁게, 치열하게, 간절하게, 온 힘을 다해 책을 읽어야 한다.

이번에는 인문학이 경제에 미치는 영향에 대해서 알아보자. 좀 당황스럽게 들릴 이야기를 하겠다. 많은 사람들이 재테크를 하면서 오히려 더욱 가난해진다. 이상하게 들리겠지만 사실이다.

우리나라에서 재테크를 하는 사람들은 은행, 증권사, 보험사 같은 금융기관에서 종사자들에게 재테크 정보를 제공받고, 그들이 권하는 금융상품 등을 구매하는 것으로 재테크를 하는 경우가 일반적이다.

그런데 금융기관의 본질은 금융상품 등을 판매해서 돈을 버는 데 있다. 고객에게 가치 있는 금융정보를 제공해서 고객을 부자로 만들어주는 게 아니다. 한마디로 고객들의 호주머니를 털어서 자신의 금고를 채우는 사업, 이게 바로 금융업의 본질이다.

내 말을 믿지 못하겠다면 주변 어른들에게 물어보라. 은행, 증권사, 보험사 같은 금융기관들이 추천한 금융상품을 구매해서 부자가 되었다는 사람이 있다는 말을 들은 적이 있는지를. 만일 주변의 어른들이 돈의 세계에서 너무 멀리 떨어져 계신 분들이라면 은행, 증권사, 보험사 같은 금융기관을 직접 방문해서 직원들에게 이렇게 물어보라.

"텔레비전 광고 같은 것을 보면 이 회사가 고객들을 부자로 만들어준다고 하던데, 만일 그게 사실이라면 여기서 근무하는 직원들은 고객들보다 몇 배는 부자여야 정상일 것이다. 이 회사에서 근무하다가 큰 부자가 되어 떠난 사람이 몇 명인가? 그리고 지금 이 회사에는 부자 직원이 몇 명이나 있는가?"

아마도 당황스러운 눈빛과 침묵으로 대답을 대신할 것이다. 자신이 다니는 회사에서 제공하는 금융정보를 잘 활용하고, 자신이 다니는 회사에서 판매하는 금융상품을 잘 구매해서 큰 부자가 되었다는 직원이 있다는 이야기를 들어본 적이 없을 것이기 때문이다. 이게 진실이다. 금융기관이 사기 집단이라는 식의 말을 하려고 하는 소리가 아니다. 금융기관과의 거래를 끊어야 한다는 식의 주장은 더더욱 아니다. 생각하고! 알고! 거래하라는 의미다.

나를 부자로 만들어줄 수 있는 능력을 가진 존재는 세상에 오직 나 자신뿐이라는 단순한 진실 말이다. 이 단순한 진실을 생각하고! 알고! 움직이는 사람은 금융기관을 잘 활용해서 큰 부를 일굴 수 있다. (실제로 금융기관, 특히 은행의 도움 없이 큰 부를 일구기는 거의 힘들다.)

그러나 모른다면 수중에 있는 돈마저 합법적으로 빼앗기게 될 것이다. 하루아침에 빚쟁이로 전락할 수 있음은 물론이다. 내가 앞에서 이야기한 "많은 사람들이 재테크를 하면서 오히려 더 가난해진다"라는 말을 하게 된 배경이 여기에 있다.

금융기관뿐만 아니다. 사람들도 주의해야 한다. 나에게 큰돈을 벌 수 있게 해주겠다며 다가오는 사람들은 100퍼센트 사기꾼이라고 보면 된다. 거액이 든 통장, 건물, 땅 등을 보여줘도 믿어서는 안 된다. 이유는 간단하다. 인간은 큰돈을 벌 수 있는 정보 같은 게 있다면 절대로 타인과 공유하지 않는다. 자기 혼자 독식한다. 그게 인간이다.

부자들은 모두 큰돈을 벌 수 있는 정보가 있다며 접근해오는 사람들에게 사기를 당한 경험이 있다. 그렇다고 접근해오는 사람들이 대놓고 사기꾼인 것은 아니다. 오랫동안 가족처럼 지내온 소중한 사람들이거나 진짜 가족 또는 친척인 경우가 보통이다. 심지어는 텔레비전에 자주 나오는 경제 전문가, 연예인, 정치인, 건축가 등에게 사기를 당하는 경우도 있다. 적게는 수억 원, 많게는 수십억 원을 날려본 경험이 있는 부자들이 이구동성으로 하는 조언은 단 하나다.

"타인의 달콤한 투자 제안에 솔깃해서 하는 투자치고 돈을 벌 수 있는 경우는 거의 없다. 원금의 절반이나마 회수할 수 있다면 다행인 경우가 대부분이다."

인문학은 라틴어 '후마니타스humanitas'를 번역한 말이다. 인문학은 인간을 위한 학문 정도로 이해하면 되는데 보통 역사, 철학, 문학 고전을 읽으면서 인간과 사물의 본질을 탐구하는 것을 일컫는다. 인문학은 그 자체로는 별 힘이 없다. 그냥 역사, 철학, 문학 공부일 뿐이다. 그렇다면 인문학을 재테크에 적용하면 어떻게 될까?

첫째, 내 마음을 흔드는 투자 제안을 하는, 이미 돈벌이에 마음을 빼앗긴, 하지만 돈을 날리는 재주만 있을 뿐 돈을 버는 재주는 없는 사람들의 본질을 정확히 파악할 수 있다. 한마디로 나를 지키는 투자를 할 수 있다. 이는 재테크에 있어서 목숨과도 같은 원칙이다. 나를 지키지 못한다는 것은 결국 고생해서 모은 재산을 날린다는 의미이기 때문이다.

화려한 가면을 쓴, 나를 망하는 길로 인도하는 사람들을 볼 줄 아는 능력이 있다면 이는 곧 수수한 얼굴을 한, 나를 성공의 길로 인도하는 사람들을 볼 줄 아는 능력 또한 갖추었다는 의미다. 부를 쌓고자 한다면 좋은 사람들을 만나는 것은 필수다. 사람이 사람을 부자로 만들어준다. 하여 부자들은 좋은 사람을 만나기 위해 애를 쓴다.

둘째, 나에게 온갖 종류의 금융상품을 권하는, 나의 돈을 불려주지는 못하고 자신들의 배만 불리는 금융기관의 본질을 명확하게 파악할 수 있다. 《손자병법》에 '적을 알고 나를 알면 백번 싸워도 위태롭지 않다'고 했다. 금융기관의 본질을 깨달았다면 역으로 금융기관을 적극적으로 활용할 수 있다. 부자들은 모두 금융기관을 활용하는 데 있어서 달인의 경지에 오른 사람들이다.

사업은 부를 거의 무한대로 쌓을 수 있는 유일한 무엇이다. 뭐랄까, 재테크가 아마추어의 부 쌓기라면 사업은 프로의 부 쌓기라고나 할까. 세계 최고의 부자들과 한국 최고의 부자들은 조사해보라. 재테크를 전문으로 하는 사람들이 아니라 모두 사업가들이다.

놀라운 사실은 세계 최고의 사업가들은 모두 인문학 마니아라는 점이다. 대표적으로 스티브 잡스, 빌 게이츠, 마크 저커버그 등이 인문학을 사업에 접목시켜서 세계 최고의 기업을 만들었고, 세계 최고 수준의 부를 쌓았다.

우리나라라고 다를 바 없다. 삼성그룹을 창업한 이병철과 현대그룹을 창업한 정주영은 우리나라 최초의 세계적인 부자 가문을 만들었다고 볼 수 있는데, 두 사람의 공통점은 인문학을 기업 경영에 접목시켰다는 것이다.*

월스트리트에서 전 세계의 부를 마치 자신의 호주머니

----

* 여기에 대해서는 《리딩으로 리드하라》와 《생각하는 인문학》에 자세히 밝혀놓았으니 관심 있는 사람은 참고하기 바란다.

속에 있는 돈처럼 주물럭거리는 세계 최고의 투자자들도 마찬가지다. 인문학을 투자에 접목, 천문학적인 부를 쌓았다. 대표적으로 조지 소로스는 철학 마니아로 유명한데 그는 주식시장이 오르든 내리든 언제나 큰돈을 벌 수 있는 비결로 철학 고전 독서를 들었다.[*]

그렇다면 인문학은 사업가로 하여금 어떻게 최고의 기업을 만들게 하고 또 최고의 부를 얻게 해주는 것일까. 그것은 세상 모든 분야가 인간과 관련이 있기 때문이다.

기업을 보라. 기업을 만드는 존재도, 기업에서 일하는 존재도, 기업을 성장시키는 존재도 모두 인간이다. 이는 곧 인간의 본질을 파악한 사람이 주도권을 갖게 된다는 의미다. 그래서 성공한 경영자들은 하나같이 인문학 공부에 열심이다. 인간의 마음을 가장 잘 이해하는 기업만이 고객들의 마음을 사로잡는 제품과 서비스를 제공할 수 있다는 사실을 잘 알기 때문이다.

부를 축적하는 것도 마찬가지다. 많은 사람들이 돈이 돈을 번다고 생각한다. 그러나 이는 큰 오해다. 돈이 돈을 버

---

[*] 여기에 대해서도 《리딩으로 리드하라》와 《생각하는 인문학》을 참고하라.

는 게 아니라 인간이 돈을 번다. 진짜 부자들은 인간을 보는 감각이 매우 발달해 있다. "이 세상의 수많은 사람들 중에 과연 누가 나에게 큰 부를 가져다줄 수 있는가?"라는 질문을 잘 던지고, 답 또한 잘 찾아낸다는 의미다.

그래서 진짜 부자들은 모두 인문학 공부에 열심이다. 인문학을 통해 인간을 볼 줄 아는 능력을 잘 길러야 자신을 더 큰 부자로 만들어줄 수 있는 사람을 발견할 수 있다는 사실을 잘 알기 때문이다.

물론 그렇다고 인문학의 목적이 부자가 되는 데 있지는 않다. 인문학의 목적은 인간다운 인간을 만드는 것이다. 지혜, 정직, 성실, 용기, 믿음, 우정, 사랑, 나눔 같은 위대한 가치를 평생 추구하는 진짜 인간 말이다.

앞에서도 말했듯이 현대는 자본주의 시대다. 인간적인 삶을 사는 데 있어서 돈이 필수인 시대다. 그리하여 나는 자기 자신과 가족의 존엄을 지킬 수 있을 정도의 부를 쌓는 데 인문학을 활용할 수 있어야 한다고 주장하고 있다.

인문학을 공부하는 방법은 간단하다. 역사, 철학, 문학 분야의 대표적인 고전을 찾아서 읽고 사색하고 토론하고 실천하면 된다. 역사 고전은 사마천의 《사기》와 헤로도토스의 《역사》를, 철학 고전은 플라톤의 《파이돈》과 공자의 《논어》를, 문학 고전은 호메로스의 《일리아스》와 《오디세이아》를 추천한다. 이 책들을 읽다 보면 자연스럽게 다음 책들을 찾아 읽게 될 것이다.

만일 구체적인 인문고전 도서 목록을 원한다면 《리딩으로 리드하라》에 나오는 도서 목록을 참고하라. 이 도서 목록은 인터넷에서 검색만 해도 쉽게 찾을 수 있다. 만일 주변에 토론할 만한 사람이 없다면 '차이에듀케이션'의 인문학 스터디를 권한다.* 인문학 토론에 열심인 사람들을 어렵지 않게 만날 수 있다.

인문학이 경제에 미치는 영향에 대해서 많은 이야기를 했다. 《리딩으로 리드하라》에 나온 말로 마무리 짓고 싶다.

경제적 약자를 위한 인문고전 독서 프로그램인 클레멘

---

* 차이에듀케이션은 2014년에 설립된, 일반인을 위한 인문학 교육 기관이다. 본래 이곳은 전국 지역 아동 센터 인문학 교육 봉사자를 모집, 교육, 배출하는 것을 목적으로 설립되었다. 현재 약 150여 명의 교육 봉사자가 활동하고 있다. 이곳의 대표적인 교육 프로그램은 '1년 100권 제대로 읽기', '하루 관리 스터디', '논어 스터디', '인문학 교육 스터디', '경제 제대로 읽기' 등이 있다.

트 코스를 만든 얼 쇼리스는 《희망의 인문학》에서 이렇게 말했다.

"여러분은 이제껏 속아왔어요. 부자들은 인문학을 배웁니다. 인문학은 세상과 잘 지내기 위해서, 제대로 생각할 수 있기 위해서, 외부의 어떤 '무력적인 힘'이 여러분에게 영향을 미칠 때 무조건 반응하기보다는 심사숙고해 잘 대처해나갈 수 있는 방법을 배우기 위해서 반드시 해야 할 공부입니다."

마지막으로 경제 감각을 가진 사람들을 친구로 사귀는 것에 대해 이야기해보자.

클레오파트라는 유대 왕국, 아니 정확히 말하면 유대 왕국의 지배자였던 헤롯과 적대 관계에 있었다. 두 사람은 서로 암살을 계획했을 정도로 관계가 안 좋았다. 하지만 클레오파트라는 유대인, 특히 이집트의 수도 알렉산드리아에서 경제 활동을 하는 유대인들과는 친구처럼 지냈다.

클레오파트라는 경제적 문제에 부딪칠 때마다 유대 상인들과 만나 그들의 의견을 들었다. 사실 그녀의 이집트 경제 회복 프로젝트와 부국富國 프로젝트는 알렉산드리아에서 활동하던 유대 상인들의 지혜에 힘입은 바 크다.

클레오파트라는 잘 알고 있었다. 경제에 정통한 사람들을 친구로 두면 자신의 부도 그 친구들의 숫자만큼 불어난다는 사실을. 그리하여 그녀는 최고의 경제적 지식과 감각과 능력을 갖춘 유대인들을 사귀는 데 열심이었다.

사회에 나가면 새로운 친구들을 사귀게 된다. 그런데 대부분 고등학교 친구의 연장에 불과하다. 대학이나 직장에서 만난, 스펙과 취업과 승진을 목적으로 하는, 나와 비슷한 부류의 사람들과 사귀게 된다는 의미다. 이런 친구들이 나쁘다는 의미가 아니다. 이런 친구들을 사귀지 말라는 의미도 아니다. 이런 친구들은 항상 열심히 사귀어야 한다.

내가 말하고자 하는 바는 앞으로는 나와는 성향이 완전히 다른 친구들도 사귈 줄 알아야 한다는 것이다. 특히 과거에 사귀었던 친구들과 전혀 다른 스타일의 친구들을 만날 수 있어야 한다.

대표적으로 치열하게 독서하는 친구, 열정적으로 인문학을 공부하는 친구, 사회적으로 의미 있는 활동을 하는 친구, 정치계에서 활동하는 친구 등등 이런 특별한 친구들과 더불어 반드시 사귀어야 할 친구가 있다. 바로 경제 감각을 가진 친구다.

세상에는 '돈'과 관련해서 비상한 능력을 가진 사람들이 있다. 재미있는 사실은 이런 경제적 감각을 가진 사람을 친구로 두면 누구라도 '돈'에 관한 감각을 어느 정도는 갖추게 된다.

요즘 금수저, 흙수저 논란이 한창이다. 나는 이 논란이 틀렸다고 생각하지 않는다. 상당 부분 옳다고 생각한다. 다만 나는 이런 말을 하고 싶다.

"지금 이 순간에도 스스로의 힘으로 흙수저에서 동수저, 은수저, 금수저로 변화하는 사람들이 존재한다. 이런 사람들에 대한 조명도 필요하다."

이른바 자수성가한 부자라고 일컬어지는 사람들을 만나서 기적 같은 부를 쌓게 된 비결을 물으면 하나같이 이렇게 대답한다.

"독서해라!"

"좋은 친구를 사귀어라!"

그들이 말하는 좋은 친구란 나의 경제 감각을 성장시켜 주는 사람을 뜻한다. 이런 친구는 어떻게 사귈 수 있을까? 주위를 돌아보라. 경제 감각이 있는 사람이 한 명 정도는 있을 것이다. 바로 그 사람과 친해지면 된다.

만일 없다면 어떻게 해야 할까? 경제를 공부하는 모임에 나가면 된다. 물론 그 모임은 초보자들이 만든 어설픈 것이어서는 안 된다. 대개 그런 모임은 금융기관들이 생각 없는 고객들을 낚기 위해 던진 미끼 금융정보를 가지고 공부하기 마련이다. 이런 모임에 참여하면 잘못된 금융지식을 얻게 되고, 돈을 벌기 위해 노력할수록 가난해지기 십상이다.

같은 경제 공부 모임이라면 믿을 수 있는 멘토가 한 명 이상 존재하는, 자본주의의 본질에서 시작해서 금융기관의 본질 등등 경제와 금융과 재테크의 기초를 제대로 가르쳐 주는 모임에 나가라.

그렇게 좋은 모임에서 내공을 제대로 쌓은 뒤에 금융상품, 아파트, 빌라, 땅, 건물, 경매 등을 공부하고, 자기만의 안목과 확신이 생길 때 비로소 재테크를 시작하라.*

----

* 만일 누군가가 어디에 가면 그런 멘토를 만날 수 있고, 그런 모임에 참여할 수 있느냐고 묻는다면 나는 차이에듀케이션의 황회철 대표가 그런 멘토고, 그가 주관하는 '경제 제대로 읽기'가 그런 모임이라고 대답하고 싶다. 그 이유는 다음과 같다.

첫째, 그가 지난 8년 동안 자신의 이익을 전혀 추구하는 일 없이 순수한 마음으로 사람들의 경제적 성장을 돕는 것을 목격했기 때문이다.
둘째, 그가 주관하는 모임에서 경제적 배움을 얻은 사람들이 자산가의 마인드를 가진 존재로 변화하고 성장하는 모습을 늘 보기 때문이다.

재테크를 시작한 뒤에는 더욱 책을 가까이하면서 스스로의 마음을 관리하라. 투자의 가장 큰 적은 내면의 불안, 의심, 공포 등이다. 이런 내부의 적을 이기려면 독서를 통한 마음 관리는 필수적이다.

재테크를 하면서 수익이 생기면 10분의 1 이상은 반드시 기부하라. 인간은 약하다. 사회 환원 없는 투자가 지속되면 제아무리 선한 사람이라도 돈의 유혹에 빠지고 만다. 자신도 모르게 인간의 얼굴을 한 악마가 되고 만다. 스스로의 인간성을 지킬 줄 아는 지혜로운 부자가 되기 위해서라도 기부는 필수다.

부를 쌓는 방법에 대해 많은 이야기를 했다. 사실 이에

셋째, 경제 공부와 재테크의 목적을 기부와 봉사로 설정하고 있기 때문이다. 그리고 실제로 기부하고 봉사하기 때문이다.

약 18억 원. 폴레폴레와 차이에듀케이션 회원들이 지난 8년 동안 기부한 액수다.
약 1천여 명. 폴레폴레와 차이에듀케이션을 통해 지난 8년간 전국 지역 아동 센터 등에서 봉사한 자원 봉사자들의 숫자다.
20개. 내가 지난 6년 동안 폴레폴레, 차이에듀케이션 회원들과 함께 한국기아대책기구, 드림스드림을 통해 해외 빈민촌에 세운 학교의 숫자다. 참고로 황희철 대표는 나와 함께 베트남에 학교를 세웠다.
물론 황희철 대표가 주관하는 차이에듀케이션의 '경제 제대로 읽기' 모임이 정답은 아니다. 아마도 우리나라에는 이 모임보다 더 진실한 경제 공부 모임들이 있을 것이다. 만일 그런 모임을 발견한다면, 황희철 대표와 차이에듀케이션은 잊고 그곳으로 가길 바란다.

대해 제대로 쓰려면 책 몇 권으로도 부족하다. 하지만 이 책은 경제 관련 서적이 아니기에 이쯤 하겠다.

솔직히 말하면 이 부분을 쓸까 말까 고민이 많았다. 돈에 관한 이야기는 사람을 불편하게 만든다는 것을 잘 알기 때문이다. 만약 내가 많은 사람들에게 박수를 받고자 한다면 돈 이야기는 절대로 해서는 안 된다. 오히려 돈에 대해서 이야기하는 사람을 나쁘게 묘사해야 한다.

하지만 그게 과연 진정한 작가의 모습일까? 아니라고 생각한다. 설령 세상 사람들로부터 작가가 돈 이야기를 한다느니 어쩌느니 하는 비난을 받더라도 자신의 책을 읽는 독자들에게 진실을 밝히는 것—돈이 사람을 절대로 행복하게 만들 수는 없지만 얼마든지 비참하게 만들 수 있으니, 지금부터라도 돈에 관한 공부를 시작해야 한다고 말해주는 것—이 진정한 작가의 모습이라고 생각한다.

이런 이유로 나는 많은 지면을 할애해서 돈에 관한 이야기를 했다. 혹시라도 마음이 불편했던 독자가 있다면 나의 마음을 헤아려주기 바란다.

클레오파트라는 여왕의 자리에 오르자마자 온 힘을 다해

부를 추구했다. 그녀가 무슨 돈에 환장한 여자여서 그랬던 것이 아니다. 한 국가의 지도자로서 경제를 안정시키지 않으면 언제든지 나라가 무너질 수 있다는 사실을 잘 알았기 때문이었다. 또 돈이 없는 여왕의 존재가 얼마나 비참하고 초라해질 수 있는지 잘 알았기 때문이다. 하여 그녀는 여왕이 되기 전에는 사력을 다해 경제적 지식과 능력을 쌓았고, 여왕이 된 후에는 맹렬히 돈을 벌었다.

인류 역사상 가장 뛰어난 여자와 우리 시대의 가장 뛰어난 여자들도 경제적 지식과 능력을 쌓기 위해 치열하게 노력했다. 그렇게 번 돈을 토대로 자신의 존엄을 지키고, 리더의 길로 갔다.

당신도 그렇게 살아야 한다. 남자의 경제력에 기대는 여자가 아니라 남자가 기대는 경제력을 가진 여자가 되어야 한다. 그런 여자만이 세상을 당당하게, 자유롭게 헤쳐나갈 수 있다.

PART 6

가장 아름다운 결정

두가지 길
불멸의 존재가 되다
"나는 최초의 여자 알렉산더가 될 테니까"

두 가지 길

기원전 34년, 서른넷 클레오파트라는 '동방의 여제'*가 되었다. 그녀는 이집트는 물론이고 키프로스, 시리아, 아르메니아, 리비아, 키레나이카, 북시리아, 페니키아, 리비아, 실리시아 등 여러 나라를 다스리게 되었다.

　물론 이는 안토니우스가 클레오파트라를 위해 목숨을 건 전쟁을 여러 차례 치렀기 때문에 가능한 일이었다. 하지만 클레오파트라라고 가만히 앉아서 안토니우스가 정복한 왕국들을 그저 넙죽넙죽 받기만 하지는 않았다.

----

* 여기서 말하는 '동방'은 고대 서양인의 관점에서 본 오리엔트로 오늘날의 중동 지역을 의미한다.

클레오파트라는 안토니우스에게 막대한 경제적, 군사적 지원을 했는가 하면 메디아 왕국과 동맹을 맺어 안토니우스를 여러 차례 배신한 아르메니아의 원조 없이도 시리아를 정복할 수 있게 하는 등 강력한 외교적 지원을 했다. 한편으로 그녀는 안토니우스의 군사 작전에 브레인 역할을 하기도 했다. 클레오파트라는 이집트 제국군의 총사령관이기도 했기 때문이다.

안토니우스가 클레오파트라의 도움으로 동방의 황제가 되자 로마의 일인자를 꿈꾸던 옥타비아누스는 피가 마르기 시작했다. 본래 두 사람은 막상막하였다. 그런데 안토니우스가 클레오파트라를 만나면서 상황이 크게 바뀌었다. 안토니우스는 동방 제국의 통치자가 되었고, 동방 최고의 부자가 되었다. 반면 옥타비아누스에게는 그 정도의 변화가 없었다.

옥타비아누스는 로마의 여론을 조작하기 시작했다. 그 결과 클레오파트라는 로마에 가장 위협적인 동방의 마녀가 되었고, 안토니우스는 마녀의 수작에 넘어가서 로마를 배신한 바보가 되었다. 여론 조작에 성공한 옥타비아누스는 안토니우스가 아닌 클레오파트라에게 선전포고를 하고 이집트를 침공했다. 기원전 31년의 일이었다.

결과는 우리가 아는 바대로다. 안토니우스는 전쟁에 패해 자살했고,* 옥타비아누스는 로마 최초의 황제가 되었다.** 비록 안토니우스가 최고의 장군이긴 했지만 당시 지중해 세계에서 최강의 전투력을 자랑하던 본국 로마의 군대를 상대하기에는 역부족이었다.

클레오파트라에게는 두 가지 길이 주어졌다.

옥타비아누스를 따라 로마로 가는 것과 안토니우스를 따라 자살하는 것. 만일 옥타비아누스를 선택한다면 수치스럽겠지만 목숨은 보존할 수 있었고 경우에 따라서는 이집트 통치권도 되찾을 수 있을 것이다.

반면 안토니우스를 선택한다면 그걸로 끝이었다.

----

* 안토니우스는 기원전 30년에 자살했다.
** 옥타비아누스는 기원전 27년에 원로원으로부터 '아우구스투스(존엄자)'라는 칭호를 받으면서 로마 최초의 황제가 되었다.

불멸의 존재가 되다

만일 클레오파트라가 옥타비아누스를 선택했다면 오늘날 우리가 아는 클레오파트라는 없었을 것이다. 그녀는 역사에 로마 최초의 황제 옥타비아누스의 전리품 정도로 기록되었을 것이다. 두뇌가 비상했던 옥타비아누스는 클레오파트라의 가치를 잘 알았다. 만일 그녀를 로마로 데려간다면 옥타비아누스의 인기와 명성은 하늘을 찌를 것이었다. 그리고 명실공히 서방과 동방의 진정한 일인자가 될 것이었다. 하여 그는 클레오파트라에게 온갖 회유를 했다.

전쟁은 이미 끝났지만, 클레오파트라에게는 새로운 전쟁이 시작된 셈이었다. 클레오파트라가 이 전쟁에서 승리할 수 있는 유일한 방법은 스스로 목숨을 끊는 것이었다. 그래야 여왕의 자존심과 명예를 지킬 수 있기 때문이었다. 사랑은 말할 것도 없다.

클레오파트라는 마지막 전쟁에서 승리했다.

그녀는 안토니우스를 따라서 자살했다. 그녀의 마지막 유언은 사랑하는 사람 곁에 묻어달라는 것이었다.

클레오파트라가 세상을 떠나고 2천 년이 넘게 흐른 지금, 클레오파트라를 아는 사람은 지구에 가득하다. 반면 옥타비아누스는 로마 역사에 관심 있는 사람들이나 알 뿐이다.

클레오파트라가 거둔 마지막 승리는 지금 이 순간에도 계속되고 있다.

"나는 최초의
여자 알렉산더가 될 테니까"

클레오파트라가 아무것도 아니었던 시절의 일이다. 당시에 그녀는 미모의 배다른 언니들이 장악한 궁전에서 있는 듯 없는 듯 살고 있었다. 하지만 그녀의 가슴은 불타고 있었다. 그녀는 이집트의 수도 알렉산드리아를 만든 알렉산더 대왕을 흠모하고 있었다. 클레오파트라는 여자 알렉산더가 되고자 했다. 아니, 알렉산더를 뛰어넘는 불멸의 존재가 되기를 열망하고 있었다.

스물한 살 무렵, 그녀는 카이사르와 함께 알렉산더의 무덤을 찾았다. 두 사람은 무덤 앞에서 엄숙한 시간을 보냈다. 아마도 클레오파트라는 그때 카이사르에게 이렇게 말하지 않았을까.

"당신은 제2의 알렉산더가 되세요. 나는 최초의 여자 알렉산더가 될 테니까."

클레오파트라는 자신의 말대로 되었다.

그녀는 알렉산더 이상의 명성을 가진, 불멸의 존재가 되었다.

당신의 이십 대가 클레오파트라처럼
불타오르기를 소망한다.

당신은 지금 누구를 흠모하고 있는가,

그리고 누구를 뛰어넘고자 하는가?

클레오파트라 이야기

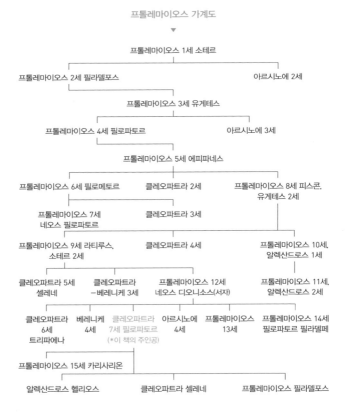

프톨레마이오스 가계도
▼

프톨레마이오스 1세 소테르

프톨레마이오스 2세 필라델포스 ｜ 아르시노에 2세

프톨레마이오스 3세 유게테스

프톨레마이오스 4세 필로파토르 ｜ 아르시노에 3세

프톨레마이오스 5세 에피파네스

프톨레마이오스 6세 필로메토르 ｜ 클레오파트라 2세 ｜ 프톨레마이오스 8세 피스콘, 유게테스 2세

프톨레마이오스 7세 네오스 필로파토르 ｜ 클레오파트라 3세

프톨레마이오스 9세 라티루스, 소테르 2세 ｜ 클레오파트라 4세 ｜ 프톨레마이오스 10세, 알렉산드로스 1세

클레오파트라 5세 셀레네 ｜ 클레오파트라 −베레니케 3세 ｜ 프톨레마이오스 12세 네오스 디오니소스(서자) ｜ 프톨레마이오스 11세, 알렉산드로스 2세

클레오파트라 6세 트리파에나 ｜ 베레니케 4세 ｜ 클레오파트라 7세 필로파토르 (*이 책의 주인공) ｜ 아르시노에 4세 ｜ 프톨레마이오스 13세 ｜ 프톨레마이오스 14세 필로파토르 필라델페

프톨레마이오스 15세 카리사리온

알렉산드로스 헬리오스 ｜ 클레오파트라 셀레네 ｜ 프톨레마이오스 필라델포스

▲ 클레오파트라의 초상이 새겨진 동전들

▲ 프톨레마이오스 1세 석상. 루브르 박물관 소장

▲ 조반니 바티스타 티에폴로의 〈클레오파트라의 연회〉(1740). 클레오파트라와 관련된 전설 중에 그녀가 값비싼 진주를 와인에 녹여 마셨다는 이야기도 있다.

▲ 장 앙드레 릭상스의 〈클레오파트라의 죽음〉(1874). 안토니우스 곁에 묻어달라는 유언을 남긴 채 클레오파트라는 충실한 두 하녀와 함께 죽음을 택한다. 창백한 피부가 이미 숨을 거뒀음을 보여준다.

◀ 덴데라에 있는 하토르 신전의 클레오
파트라

◀ 파라오 차림의 클레오파트라 기념비.
루브르 박물관 소장

▲ 페르시아의 다리우스 3세와 싸우는 알렉산더 대왕. 나폴리 국립 고고학 박물관 소장

◀ 알렉산더 두상. 이스탄불 고고학 박물관 소장

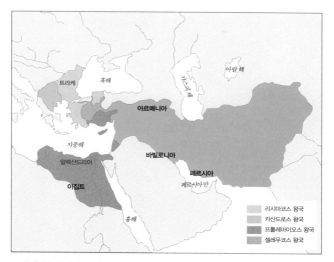

지도 내 지명:
트라케 · 흑해 · 아랄 해 · 아르메니아 · 지중해 · 바빌로니아 · 페르시아 · 알렉산드리아 · 이집트 · 페르시아 만 · 홍해

범례:
리시마코스 왕국
카산드로스 왕국
프톨레마이오스 왕국
셀레우코스 왕국

▲ 알렉산더 대왕 사후 지도

◀ 기원전 1세기경 만든 것으로 보이는 율리우스
카이사르의 흉상

▲ 브리튼 섬에 상륙한 카이사르. 그의 용맹함을 엿볼 수 있다.

▲ 피에트로 다 코르토나의 〈이집트의 왕좌를 클레오파트라에게 주는 시저〉(1637). 카이사르가 다소곳한 시선의 클레오파트라를 왕위로 인도하는 동안 자리를 빼앗긴 아르시노에가 화가 난 채 얼굴을 찌푸리고 있다.

▲ 빈센조 카무치니의 그림, 〈카이사르의 죽음〉(1804~1805). 마지막 순간 자신을 죽이려는 무리에 세르빌리아의 아들이 있는 걸 목격하고 "브루투스, 너마저!"라고 외쳤다 한다.

◀ 안토니우스 석상. 바티칸 미술관 소장

▲ 클로드 젤레의 〈타르수스에 배를 정박한 클레오파트라〉(17세기경). 클레오파트라가
안토니우스를 만나기 위해 지중해를 건너오는 모습을 담고 있다.

▲ 로렌스 앨마 태디마의 〈안토니우스와 클레오파트라〉. 나른하게 누워 있는 클레오파트라에게 혼이 뺏긴 듯 신비롭게 바라보고 있는 안토니우스의 표정이 흥미롭다.

◀ 알렉산드르 비다의 〈죽은 안토니우스를 품에 안은 클레오파트라〉(19세기경). 11년을 함께한 사람이 완전히 떠나버리자 클레오파트라는 깊은 실의와 비통에 빠져 있다.

◀ 키케로 흉상. 로마 카피톨리니 박물관 소장

▲ 체자레 마카리의 벽화. 〈키케로가 원로원에서 카탈리네의 음모를 폭로하다〉(1889).
변론에 능했던 키케로의 위풍당당한 모습이 담겨 있다.

옥타비아누스 석상. 바티칸 미술관 소장 ▶

▲ 루이 고피에의 〈클레오파트라와 옥타비아누스〉(1787). 클레오파트라가 이집트와 아이들을 구하기 위한 마지막 수단으로 옥타비아누스를 유혹하려 했다는 설이 있다.

◀ 고대 알렉산드리아 도서관. 고고학적 사실을 바탕으로 복원한 판화(19세기경)

▲ 피라미드와 스핑크스

지중해

알렉산드리아

기자 ● 카이로

홍해

● 룩소르

● 콤 옴보

● 아스완

나일 강과 그 주변 지도 ▶